高等职业教育公共基础课新形态一体化教材

职业生涯规划与职业素养提升

陈芳 陈凯乐 柳红蛟 主编
程芳 何颖芳 聂菊华 施蓉 肖何 副主编
马国平 洪亮 杨蓉 金献中 李翔 谢业凤 参编

机械工业出版社
CHINA MACHINE PRESS

本书采用项目引领下的任务驱动式编写方式，分别从“发现自我与职业生涯理论”“职业性格、兴趣及能力发展测试”“择业定位与职业规划”“提升职业素养”“撰写学业计划及职业生涯规划书”五个项目，对学生展开全方位、多元化、多层次的理论和实践能力教学，每个任务遵循“知识目标—能力目标—生涯故事—生涯实践—知识链接—生涯分享—复盘评价”的编写逻辑，引导学生提升职业素养，做好职业生涯规划。

本书可作为高职院校职业规划与就业指导课程的教材，也可作为青年进行生涯规划与自我提升的读物。

本书配备了微课视频，读者只需用手机扫一扫书中二维码，即可观看。

本书配有电子课件，凡使用本书作为教材的教师可登录机械工业出版社教育服务网 www.cmpedu.com 下载。咨询电话：010-88379375。

图书在版编目（CIP）数据

职业生涯规划与职业素养提升 / 陈芳，陈凯乐，柳红蛟主编. —北京：机械工业出版社，2022.12（2023.9 重印）
高等职业教育公共基础课新形态一体化教材
ISBN 978-7-111-72171-0

Ⅰ.①职… Ⅱ.①陈… ②陈… ③柳… Ⅲ.①大学生-职业选择-高等职业教育-教材 Ⅳ.①G717.38

中国版本图书馆 CIP 数据核字（2022）第 231399 号

机械工业出版社（北京市百万庄大街 22 号 邮政编码 100037）
策划编辑：杨晓昱　　责任编辑：杨晓昱
责任校对：薄萌钰　张　薇　　封面设计：马精明
责任印制：刘　媛
涿州市京南印刷厂印刷
2023 年 9 月第 1 版第 4 次印刷
184mm×260mm · 11 印张 · 208 千字
标准书号：ISBN 978-7-111-72171-0
定价：49.80 元

电话服务　　网络服务
客服电话：010-88361066　　机　工　官　网：www.cmpbook.com
010-88379833　　机　工　官　博：weibo.com/cmp1952
010-68326294　　金　书　网：www.golden-book.com
封底无防伪标均为盗版　　机工教育服务网：www.cmpedu.com

前　言

2021年是职业教育发展史上具有里程碑意义的一年，全国职业教育大会在北京召开，习近平总书记对职业教育工作作出重要指示，强调在全面建设社会主义现代化国家新征程中，职业教育前途广阔、大有可为，要求加快构建现代职业教育体系，培养更多高素质技术技能人才、能工巧匠、大国工匠。这极大鼓舞了职教战线抓住机遇、乘势而上、直面挑战、克难奋进的决心和信心，职业教育的发展迎来重大机遇，职教本科的设立、普职融通让学子们有了更广阔的发展前景，学生个人职业规划也有了更多的选择。

当下，人才竞争愈加激烈，一方面，高职院校人才培养要求与市场需求衔接；另一方面，学生需要自我发展，制订适合自己的职业生涯规划，如不对职业生涯进行合理科学的规划，势必会造成青春光阴的浪费，最终成为职场平庸者。

原有的一些职业生涯规划教材要么是面向全体大学生的，未区分普通教育及职业教育，要么偏重理论授讲及心理测试，少有身边鲜活故事的引导。适用于高职生、又能兼容理实的职业生涯规划教材不多，难以满足现阶段职业教育发展的需要。职业生涯规划是一门学生愿意学且能充分应用的课程，能否避免在授课时变成说教，能否让学生在学习时领悟并践行，成为教师授课和学生自学的难点。因此我们编写了适用于高等职业院校大学生的《职业生涯规划与职业素养提升》一书。本书有如下特色：

一是“链条式”学习。本书遵循“知识目标、能力目标、生涯故事、生涯实践、知识链接、生涯分享、复盘评价”的编写逻辑，一环扣一环引导，分别从发现自我与职业生涯理论，职业性格、兴趣及能力发展测试，择业定位与职业规划，提升职业素养，撰写学业计划及职业生涯规划书五个方面展开全方位、多元化、多层次的理论和实践能力教学，指导学生熟悉职业定位与发展途径，提升职业素养，掌握职业生涯规划方法。

二是“案例法”分享。精选了众多职业院校优秀毕业生案例，加以点评，强化引导及思考。这些案例有自强自立、自信乐观的励志榜样，有勤奋好学、积极进取的学业达人，有在各类型技能大赛中荣获佳绩的技术能手，还有技术和科研先锋、优秀共产党员等，他们展现出了各自的时代风采，以及对梦想和初心的坚守，将为学生带来深刻启发和影响。

三是“体验式”教育。从贴近社会、贴近职业、贴近生活和学生思想出发，增加了大量体验式内容，如职业性格测试、兴趣测试、职业路径选择分析、思维导图制作、PPT制作等，发现与挖掘学生的职业潜能，培养学生做自己生涯规划的思考者和执行者。

本书在编写过程中参阅和引用了相关论著和资料，谨在此对论著和资料的作者表示感谢！

由于编者水平有限，不妥之处在所难免，恳请有关专家及广大读者提出宝贵意见和建议。

编　者

微课视频二维码索引

目 录

任务1　认识大学
任务2　展示自我
任务3　遇见“彩虹”

项目一

发现自我与职业生涯理论

任务 1　认识大学

01 知识目标

- 理解大学的概念和大学教育的四项任务。
- 了解本校的校史以及校内、外环境。
- 掌握大学可利用的六大资源。

02 能力目标

- 能充分利用大学资源塑造、充实自我。
- 能准确地绘制出“我的大学地图”。

03 生涯故事

大学到底学什么

很多同学在高中的时候，唯一的目标就是考上大学，至于考上大学是为了什么，要怎么做，都没有考虑过，小 A 也是如此。小 A 到了大学之后，有一种松了口气的感觉，没有去思考大学到底是学什么，也没有对未来的规划，就觉得离毕业时间还长，先歇歇，未来的事情以后再说，然后就浑浑噩噩地开始了大学时光。他天天熬夜打游戏，第二天起不来就逃课，偶尔去上课基本也是在打瞌睡。大一第一学期过完，期末考试 8 门课全部挂科。辅导员让他请家长来学校，他才大吃一惊，当着家长和辅导员的面，他也很迷茫地说：“读大学到底是为了学什么呢?”

大学第一年是转型期、过渡期。转型要快，过渡要短，就能早一点进入状态，早得先机，所以大学生进入大学第一年就一定要弄清楚大学到底学什么。一是学会学习：学会学习是当今时代的总体要求，尤其是要学会学习的方法，学会如何学习不仅是大学学习的目标，也是未来胜任工作的关键。二是学会做事：学会用一种善始善终的态度认真地对待和处理各项事务。三是学会做人：学会建构符合道德的价值体系，承担个体的社会责任，热爱生命并感激生活的给予。四是学会与人相处：良好的人际关系是营造个人工作和生活环境的必要前提，即使彼此不能成为朋友，也至少需要有一种相互尊重的关系。

04 生涯实践

活动一：手绘大学地图

探索自己的学校，我们在大学校园生活了一段时间后，对校内及周边的环境是不是有了一定的了解？请使用绘制地图的方式进行描述。

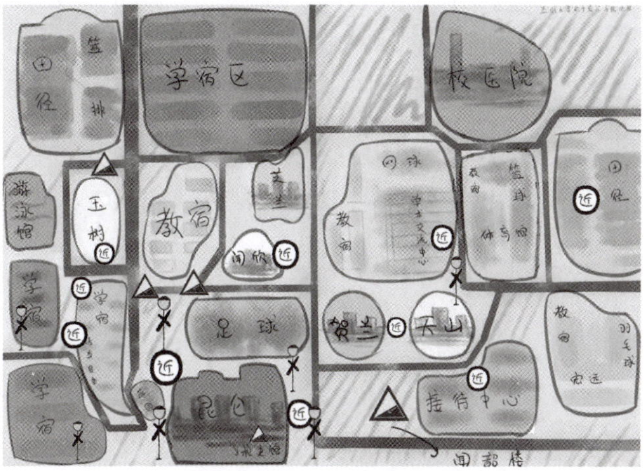

图 1－1　手绘大学地图范例

活动步骤：

1. 参考图 1－1 手绘大学地图，学习知识链接里大学的概念及六大资源的理论知识，根据学校的地形地貌、建筑与道路的布局以及周边的大体环境，勾画草图；

2. 在图中标示出学校的校史馆、教学楼、图书馆、保卫处（如校内警亭）、学生服务部门（如学生服务大厅）、篮球场、羽毛球场、网球场等自己感兴趣的地方；标记出你没有去过的地方和你认为有待探索的地方；

3. 在初步草图的基础上，逐步调整完善细节，使画面更整体，细节更丰富；

4. 线稿定下来后，就开始尝试上色，最后拍照上传；

5. 活动时长：15 分钟。

姓名		班级	
手绘地图：我的大学			

活动二："你拍我猜"校园文化抢答赛

探索自己的学校，记录学校的点滴。

活动步骤：

1. 课前发布任务，自行参观并拍摄学校校史馆及整个校园（可以拍摄校园里的动植物、食堂美味的饭菜、有故事的小道、有特色的教学楼等），最后由学习委员挑选10张照片；

2. 将选中的10张照片进行裁剪后，发布抢答任务——回答照片拍摄地点，学生进行抢答，回答正确者平时成绩加5分；

3. 抢答活动结束后，其他同学分享新的想法：包括食堂饭菜改进提议、省钱攻略、最美的赏花时节、故事小道的具体故事等；

4. 活动时长：10分钟。

05 知识链接

一、大学的概念

大学是一种功能独特的组织，是与社会的经济和政治机构既相互关联又鼎足而立的文化传承、科学研究、服务和引领社会发展的学术机构。大学教育的使命首先是要培养学生完整的人格，净化学生的心灵，提升学生的品行，锻炼学生对事物进行批判的能力，而不仅仅是对学生进行专业教育。

德国哲学家雅斯贝尔斯认为，大学教育有四项任务：第一是研究、教学和专业知识课程；第二是教育与培养；第三是生命的精神交往；第四是学术。就科学的意义而言，大学的四项任务是一个整体，任何一所大学都不可能单个实施其中一项任务，四项任务必须同时发挥作用，大学才能正常地运转。

二、大学六大资源

大学不仅是学习的场所，更是一个宝库。大学充满着各种各样的资源，利用好大学里的资源，将能够更好地塑造、充实自己。

（一）利用校园文化资源，提升自我涵养

校训、校歌等学校标识是大学精神和灵魂的集中体现，通过宣传让全校师生学习、发扬校训精神，能增强凝聚力，激励大家奋发向上，从而达到润物无声、潜移默化的教育效果，对于培养、造就学生有不可估量的重要作用。

校史馆是展现高校历史传承、文化积淀的载体。校史馆作为学校重要的文化传承

机构，真实记录了高校发展的历程，内容涵盖了学校发展过程中教学、育人、科研、服务社会等诸多方面的珍贵资料，记载了师生、员工不同层面的活动，其内容翔实、记叙生动，完美地展现了学校的发展历程。大学的发展离不开文化底蕴的积淀，失去了文化内涵支撑的学校就像浮水之萍、无根之草。

校园文化景点是高校师生在校园各项活动过程中所共同营建的。它是通过理想信念、价值取向、群体行为、生活方式、舆论风尚、校园景物环境等所蕴含表达或体现出来的一种较高层次的精神品质，是维系高校团体的一种精神力量。

（二）利用课堂资源，掌握尽可能多的知识和技能

作为一名大学生，完成学业毋庸置疑是其主要任务。不同的专业设置了不同的课程，同学们必须掌握本专业的知识技能，这是最基本的要求。每个学校也会根据自身情况设置选修课，尽量满足所有同学对不同学科、不同知识领域的兴趣。通过选修课程，既能增加自己的知识，也能认识更多的朋友。有些大学生由于种种原因没有选到自己理想的专业，总是抱怨没兴趣听讲。其实大学生可以在不影响本专业学习的基础上，旁听自己喜欢的专业课或学校各学科名师的课程。要充分利用大学的课堂资源扩充自己的知识，不要仅仅局限于自己专业领域的知识。

（三）利用教师资源，建立师生情谊

“师者，所以传道授业解惑也。”老师是传授道理、教授学业、解答疑难问题的人。如果你虚心地请教，大学老师会在专业领域方面，甚至是生活、情感、为人处世等方面力所能及地给予你帮助。

老师非常希望你能多跟他（她）交流，提出问题就是研究的开始，这说明你在用心地思考，努力地钻研。在生活方面，时常和老师交流，将自己遇到的问题与老师分享、探讨，既能够提高自己分析问题的能力，也能从老师身上学到一些平时课堂上学不到的思维与方法。你和老师会建立起一种师生情谊，这种情谊不仅仅能够促进自身学业的进步，同时可以促进老师对于学生的理解，提高教学质量。

（四）利用人际资源，建立人脉关系

进入大学之后，很多人会跟你谈起人脉的重要性。大学生在校期间除了能够接触到本寝室、本班的同学之外，还可以通过参与社团活动、课余兼职工作等途径结交更多的朋友。但是，并不是每个人都能够结交很多的朋友，这说明良好的人际关系也是大学生重要的必修课。

处理好人际关系也是一门学问。首先，要坚持平等和相互尊重的原则。同学间交往的目的主要在于共同完成大学的学习任务，这就意味着同学之间应该在人格上平等，

在学习上互助。其次，要有一颗宽容的心。毕竟在人际交往中难免会发生矛盾，可能因为价值观不同，可能因为性格不同，但如果双方都能以宽容的态度对待别人，就可以避免很多冲突。最后，要做一个言而有信的人。诚信指一个人诚实、守信。在人际交往中，与守信用的人交往有一种安全感，与言而无信的人交往时内心就会充满焦虑和怀疑。对每个立志成才的大学生来说，守信用会使你的形象更添光彩。

（五）利用网络资源，获取精品资讯

在互联网时代，人们足不出户就可以了解到各类消息，对于大学生来说，不计其数的教学资源正等你去获取。正确利用互联网，能够帮助大学生获取多方面的信息资讯，对大学生的发展毫无疑问会起到很大的促进作用。

网络资源是非常丰富的，对于同一个问题，不同的人存在不同的看法，既有精华，也有糟粕，大学生需要自己去判断，应该融入自我的思考。

（六）利用图书、实训设施资源，丰富眼界提高实践能力

高校图书馆具有文献资源丰富、环境幽雅、技术先进的优势。与中学不同的是，大学的学习更多地依靠自觉性。当你走进图书馆，发现很多同学都在争分夺秒地学习，你也会不自觉地投身于这种人人争先、共同奋进的学习氛围中，特别是在期末考试、专升本考试的备考期间，这种氛围会更加浓烈。“最可怕的事情，不是别人比你强，而是比你强的人比你还努力”。目前我国高校图书馆所提供的知识服务已经可以涵盖很多方面，特别是馆藏书籍与数字期刊查询的功能已经基本满足了高校师生深层次的科研信息需求。

实训设施是理论和实践教学的结合点，大学生既要通过实践来验证和深化理论知识，也要通过实践来培养实际工作能力和创新精神。可以说，没有现代化实训设施的大学，无法造就现代化人才。同时，现代科学技术的发展也更多地要求大学培养的学生必须具备较强的科学实验能力。为适应这种需要，大学生应当将实践能力的培养放在与基础理论的学习同等重要的位置上。

06 生涯分享

惟楚有材，于斯为盛

2020 年 9 月 17 日下午，习近平总书记来到湖南大学岳麓书院考察调研。离开校园时，师生们闻讯赶来，高声向总书记问好。面对热情洋溢的青年学子，习近平说：“见到你们很高兴，让我想起岳麓书院的两句话：‘惟楚有材，于斯为盛’。真是人才济济啊！”他表示，“于斯为盛”这个“斯”，不仅指“这个地方”，也是指“这个时代”。习近平希望同学们不负青春、不负韶华、不负时代，珍惜时光好好学习，掌握知识本

领，树立正确的世界观、人生观、价值观，系好人生第一粒扣子，走好人生道路，为实现中华民族伟大复兴贡献聪明才智。

点评：

“当代中国青年是与新时代同向同行、共同前进的一代，生逢盛世，肩负重任”，“广大青年要肩负历史使命，坚定前进信心，立大志、明大德、成大才、担大任，努力成为堪当民族复兴重任的时代新人，让青春在为祖国、为民族、为人民、为人类的不懈奋斗中绽放绚丽之花”。知行合一、理实一体，切实提高自己的核心竞争力，不负寒窗苦读，不负绚烂青春！

<table>
<tr><th colspan="6">复盘评价</th></tr>
<tr><td>任务名称</td><td colspan="2">认识大学</td><td>任务类别</td><td>□个人任务</td><td>□团队任务</td></tr>
<tr><td>个人姓名</td><td></td><td>班级</td><td></td><td>团队成员</td><td></td></tr>
<tr><td colspan="6">复盘：总结本次任务的完成情况，掌握了哪些知识和技能、锻炼了哪些能力、体验了哪方面的生涯规划</td></tr>
</table>

<table>
<tr><th colspan="2">个人成绩评价指标</th><th>自我评价
30%</th><th>组内互评
30%</th><th>教师评价
40%</th></tr>
<tr><td rowspan="3">知识点掌握
（30 分）</td><td>大学的概念（10 分）</td><td></td><td></td><td></td></tr>
<tr><td>本校的校史（10 分）</td><td></td><td></td><td></td></tr>
<tr><td>大学可利用的六大资源（10 分）</td><td></td><td></td><td></td></tr>
<tr><td>知识点践行
（10 分）</td><td>按时完成布置的实践活动（10 分）</td><td></td><td></td><td></td></tr>
<tr><td rowspan="2">素质
（20 分）</td><td>进取与奋斗（10 分）</td><td></td><td></td><td></td></tr>
<tr><td>压力与担当（10 分）</td><td></td><td></td><td></td></tr>
<tr><td rowspan="3">能力
（30 分）</td><td>处事能力、控制能力、及时发现问题能力（10 分）</td><td></td><td></td><td></td></tr>
<tr><td>灵活性、信息沟通能力、决策或辅助决策能力（10 分）</td><td></td><td></td><td></td></tr>
<tr><td>社交能力（10 分）</td><td></td><td></td><td></td></tr>
<tr><td>知识成果
（10 分）</td><td>成果展示（10 分）</td><td></td><td></td><td></td></tr>
<tr><td colspan="2">得分</td><td></td><td></td><td></td></tr>
<tr><td colspan="2">总得分</td><td colspan="3"></td></tr>
</table>

任务2　展示自我

01 知识目标

- 认识自我介绍的重要性。
- 掌握自我介绍的技巧。

02 能力目标

- 能在不同场合做好自我介绍，展示自我。

03 生涯故事

同学，请相信我

南方新生小张满怀期待来到北方上大学，打开了一个不一样的世界。军训后，小张想竞选班长，但是满口南方口音和内向的性格让他犯了难，怎样正确介绍自己才能让大家快速了解自己呢？

在辅导员老师的建议和帮助下，小张借助PPT“同学，请相信我”展示了自己的高中经历、竞选班长的目的和当选之后的一些想法，最后全票当选班长。当选后，小张认真负责，一年后因为品学兼优获评“校优秀学生干部”。

自我介绍虽简单常见，但是很多人不知如何开始。在之后的就业面试中，我们也要有充分的自我认知、良好的表述能力，将自我介绍与具体的岗位相结合。在自我介绍前，要做好准备，挖掘自己的优势，这样才能在一众面试者中脱颖而出。

04 生涯实践

活动：自我介绍情景模拟

自我介绍不仅是展示自己的方式，也是认识自我的手段，古人云：“知人者智，知己者明”。认识自我、找到自己的准确定位不是一件容易的事情，想要对自己进行有意识的梳理，一个快捷有效的方法就是写自我介绍。

请以小组为单位进行以下活动。

活动步骤：

1. 参考范例表1－1并学习知识链接里的自我介绍理论知识，每个小组在表1－1中的五个场景中选择一个场景；

2. 根据所选场景写出步骤和关键词，注意不同场景对应的步骤和关键词会有一定差别；

3. 将关键词串联写出自我介绍，完成表 1 – 2，每组挑选一名小组成员进行课堂分享；

4. 活动时长：15 分钟。

表 1 –1　自我介绍情景模拟范例

场景 1：假如你是刚入校的新生，在班会时进行自我介绍

场景 2：假如你是一个音乐（或者其他项目）爱好者，现在想要加入学校的吉他社（或者其他社团），请进行自我介绍

场景 3：假如你去竞聘学生会宣传部/外联部/文艺部部长或者学生会主席等职位，请进行自我介绍

场景 4：假如你是一位应届毕业生，现在就要去某家单位或者企业面试，请进行自我介绍

场景 5：假如你是某公司新进的一名员工，今天刚入职，请进行自我介绍

场景	步骤	关键词
场景 5	问候语→个人基本信息→愿望→致谢	姓名、职务、工作/学习经历、性格特征、对以后工作的期望、对自己的希冀等

大家好！

我叫 XXX，来自广东 XX，入职的岗位是 XXX，我性格开朗、为人正直；平时爱好打篮球、爬山和跑步。

我十分高兴也很荣幸能加入到 XXX 这个大家庭中来，这里不仅仅为我供给了一个成长锻炼、展示自我的良好平台，也让我有机会认识更多的新同事、新朋友。借此机会，我再次感谢各位领导，多谢你们能给我一次这么好的机会。

我初来乍到，还有许多方面需要学习，还望在以后的工作中大家能够多多指教！

谢谢大家！

表 1 –2　自我介绍情景模拟活动

班级		小组成员	
场景	步骤		关键词
自我介绍：			

05 知识链接

一、自我介绍的重要性

自我介绍就是向别人展示你自己。自我介绍得好不好，直接关系到你给别人的第一印象的好坏及以后交往的顺利与否。同时，自我介绍也是认识自我的手段。

自我介绍是每一个大学生都要经历的一件事情。众所周知，自我介绍是融入一个陌生团体，与陌生人建立关系，打开局面的一种非常重要的手段，因此，做好自我介绍，可以让人对你印象深刻，得到对方的认可，获得机遇，同时还能从中考察我们的语言组织能力、逻辑思维能力和沟通能力。

二、自我介绍的技巧

微课 1-1 改变不敢讲的具体做法

（一）改变不敢讲的具体做法

大学生自我介绍时，因为羞怯、恐惧心理，常表现为紧张、胆怯、害怕，表情羞涩，神情不自然，说话声音颤抖，行为拘谨等；因为自卑、闭锁心理，常表现为不自信，缺乏主见等。改变不敢讲的具体做法如下。

（1）时刻进行心理暗示“我是最棒的!”

在心理学上，自我暗示指通过主观想象某种特殊的人与事物的存在来进行自我刺激，达到改变行为和主观经验的目的。在生活中，能导致我们心情不悦的因素有很多，而且许多因素是我们无法控制、不能改变的。如果改变不了事实，就要学会改变心态，时刻暗示自己“我是最棒的”。积极乐观的心态会让你自内而外地产生无穷的力量，散发无限的魅力。那么你就会越来越好，加油!

（2）对镜练习

站在镜子前，面对镜子练习自我介绍。注意，在对镜练习时，最需注意两件事：体态与表情。在镜子前，观察你的脚有没有不安地踏动，手是放在身侧，还是双手交叉下垂或背在身后，身体会不会左摇右晃，弯腰驼背还是昂首挺胸。面部表情着重看眼睛与嘴，眼神有没有飘忽不定，嘴能否保持微笑。同学们可能会认为保持微笑会张不开嘴或者影响发音。那么尝试将嘴角向上咧，做假笑的表情，尽可能夸张，感受面部脸颊肌肉用力。感受到发力后朗读任意一段文字，在张口与闭口时保持适度笑容，嘴角上扬，面部肌肉保持紧张的发力状态。60% 左右的发音问题都可以通过微笑缓解，如果你的发音问题主要是声音不够大、平翘舌音不分、n 和 l 不分，微笑将能够帮助你改善这些问题。当然，想要完全纠正发音还需要有针对性的练习。

（3）敢于直视别人的目光

绝大多数人因为不敢发言，经常在发言的时候看天花板，或是看地板，或是一直盯着某个物体，不看听众。在这种情况下，自己反而会越来越紧张，越紧张就越不敢展现自己。直视别人的目光，不仅能吸引听众，同时还能给自己提供信心。如果感觉长时间地注视着他人的眼睛有困难，那么在注视一会儿后，可以稍微移开一下自己的目光，注视对方的鼻子或者额头。

（4）勤练

卖油翁笑对自己的“徐以杓酌油沥之，自钱孔入，而钱不湿”，只说“我亦无他，惟手熟尔”。对于做自我介绍来说也是一样，多思多做，勤加练习，就能熟能生巧。

（二）改变不会讲的具体做法

微课 1－2 改变不会讲的具体做法

1. 巧报姓名

（1）解字——最简单的名字介绍法

介绍自己的名字的时候会说：“大家好！我叫张森，张是弓长张，森是三水森。”或者说：“大家好！我叫李晴，木子李，晴天的晴。”这种名字介绍很常见，很直接，很简单，同时也很普通，让人过耳即忘，难以形成记忆。如果你能让初次见面的陌生人（面试官）一下子就记住你的名字，你成功的机会也会比别人多一点。

（2）故事——有故事的名字和人更易被记住

很多人名字的由来会伴随一个或有趣或感动的小故事。因此，有时即使是平淡无奇的名字，只要在进行自我介绍时将名字背后的故事分享给大家，也会让别人记住你的名字。

一位叫徐红霞的同学，她的自我介绍总能给大家留下深刻印象。

大家好，我叫徐红霞，名字是爸爸起的，虽然是个很普通的名字，但我仍然很感激我爸爸。这个名字是怎么来的呢？是因为妈妈生我的当天，爸爸在去产房的路上路过了一个军营，听到军营里战士们正在唱：日落西山红霞飞，战士打靶把营归……索性就给我起了这个名字，爸爸对我说：“你千万别嫌俗，你应该觉得幸运，没给你起名叫徐打靶！”

（3）幽默——有趣的方式更容易传播观点

著名演说家卡耐基说过：“每一个听众听一场演讲就像小学生上课一样，他的注意力最长只能集中 15 分钟，所以每隔 15 分钟要让听众笑一下，用一个笑话跟大家互动，才能让别人更容易记住你的观点。”

有位朋友叫王蕊蕤（ruǐ），她的名字对自己和他人都是一种考验，她的自我介绍就利用了这一点，并运用了幽默的技巧。

小时候写名字很费劲，人家都答到第二题了，我名字还没写完呢，后来长大了才明白父母的一片苦心，为什么呢？因为读书这么多年都没有老师提问过我。高二的时候，老师公布成绩："张三多少分，李四多少分……"念到我就跳过去了，到最后老师问没念到谁的名字，我举手，老师问："你叫什么名字？"我跑到台前在成绩单上指给老师说："我就叫这个名字……"

2. 适当拓展

介绍完姓名之后，就可以进一步展开介绍，使自我介绍内容充实丰富。那么，拓展的时候请注意场合，根据场合思考："你希望听众知道并记住你的哪些信息？你为什么会出现在这里？"

自我介绍的场合包括军训、班委竞选、社团招新、学生会或者学管会面试、演讲或主持、朋友初次见面等等。

首先，一般自我介绍的时间都不会太长，所以你要在最短的时间内，把自己介绍出去，让别人记住自己，同时要让别人知道你是什么样的人。所以除了简单的信息，比如姓名、年龄、籍贯之外，还要有选择地介绍自己的情况，而选择的内容，就要和你所在的场合相关。

比如参加一场面试，在做自我介绍时，就需要把自己匹配岗位的工作能力陈述出来。这些可以通过强调工作经历来让面试官相信你，并且产生找对人的感觉。但如果参加的是一个读书会，那就不能大谈自己的工作，而要把自己对阅读的热爱和兴趣讲出来。

其次，要说明为什么会出现在这里，要把必须在这里出现的理由讲出来。在陌生的团体中，人们其实在寻找认同感，所以如果能够很清晰地说明出现在这里的原因，那么人们就会有更多的认同感。

更重要的是，人们其实互相都是好奇的，如果能够满足这种好奇，那么就容易被人记住。

这里提供了常用的自我介绍关键词，见表 1－3。

表 1－3　自我介绍关键词

属性	关键词
简历	姓名、性别、家乡……
数字	年龄、身高、体重……
经历	学校、专业、职业……
个人	特长、性格、理想……
其他	经历、优势、弱点……

根据场合需要，在表 1－3 中任选 10 个关键词，然后按如图 1－2 所示步骤进行扩展。

图 1－2　自我介绍步骤

3. 范例：小张竞选班长的自我介绍

基本情况：小张，男，机电一体化专业学生，他竞选班长的自我介绍如下所示。

各位老师、同学： 大家好！ 我很荣幸能站在这里参加班长的竞选，在此我对大家的支持表示由衷的感谢。	问候语
首先，我向各位介绍一下自己：我叫小张，娄底人，爱好篮球，性格开朗，大学期间想要锻炼一下自己，为班级同学服务。	个人基本信息
在中学，我担任过班长、学生会主席。在工作中，我培养了合作与协调能力。我能协调好同学之间的关系，对不良行为敢于大胆管理。	人生的重要经历
我责任心强，吃苦耐劳，有团队精神。同时，我具有良好的策划、组织、协调、管理能力，做事细心和有条理。	具备的综合能力与素质
如果我有幸当选，我将认真为班级服务，努力发挥班干部应有的作用。如果我没有当选，我还是会一如既往地认真工作，服务集体。	理想、愿望
最后，我真诚希望大家相信我，支持我，给我这次展示的机会。 我将在这一片属于我们的天空中挥洒青春的汗水，为大学校园的明天绘出一幅美好的蓝图。我相信我们班的明天会更加美好！	致谢

4. 灵活结尾

在介绍完自己的基本情况之后，以不同的方式结尾会给自我介绍画上一个完美的句号，让人深深回味。

（1）热情洋溢的结尾

“这就是我，从沉默的大山中走来，将会在缤纷多彩的城市里走出我理想的人生之路。”

（2）引人深思的结尾

“虽然我很平凡，但我认为平凡的生活并不平淡，我相信通过我的努力，我会拥有属于自己的一份美丽。”

（3）诗情画意的结尾

“王安石的一首诗大家都很熟悉：墙角数枝梅，凌寒独自开。遥知不是雪，为有暗香来。我希望，在新的集体中，我就像一枝淡淡的梅花，虽不惹人注目，却散发出幽幽的清香。”

(4) 富有哲理的结尾

运用自己喜欢的名言俗语来结尾，如“俗话说，路遥知马力，日久见人心。相信通过一段时间的相处，大家会了解一个‘立体’的我。”

5. 勤练

与克服不敢讲的最后一个技巧一样，只有勤加练习，才能让自我介绍起到展示自我、赢在起点的作用。

06 生涯分享

名人的部分自我介绍

1. 胡适在一次演讲时这样开头：【我今天不是来向大家做报告的，我是来胡说的，因为我姓胡。】这个开场白既巧妙地介绍了自己，又体现了演讲者的谦虚修养，而且活跃了场上的气氛。

2. 中国台湾文学大师林清玄在2009年12月的一次主题为“欢喜过生活”的演讲中，通过讲述自身的经历，自我解嘲，使演讲沉浸在轻松愉快的气氛中，博得了听众的青睐。【我站着演讲，这样你们就可以看到我英俊的样子！我刚才进来的时候，听到有两位同学在交谈，一位说：“看！是林清玄，林清玄啊！”另一位接话道：“林清玄怎么长成这个样子？”告诉各位同学，如果你们坚持写作，到五十岁能像我这么英俊就不错了。曾经我去演讲，完了之后有一位很漂亮的女孩塞给我一封信，我当时很兴奋，回到酒店打开一看，“亲爱的林老师，我觉得您像周星驰电影里的火云邪神。”(听众大笑）几天以前，我到岳阳，当地作协派一位女作家来接我，女作家一见我，大吃一惊。他们以为林清玄是一个女的，而我是一个男作家，不是女作家，现在验明正身。】

3. 陈毅将军在一次欢迎大会上的自我介绍：【我叫陈毅，耳东陈，毅力的毅，刚才司仪先生称我将军，实在不敢当，我现在还不是将军，当然叫我将军也可以，我是受全国老百姓的委托，去“将”日本鬼子的“军”，这一将，直到把他们“将死”为止。】

点评：

自我介绍是一种正确认知自己的手段，幽默的自嘲不是自贬，不是迎合，而是自我认知充分的体现，是自信的体现。但很多青年多少都有点社交恐惧症（以下简称：社恐）。一位青年在“自我介绍简直是社恐的劫难”的网络话题中写道：“光是想想都要窒息了，逃不过的自我介绍，不知道说什么好，哪怕提前想好了，站在台上面对这么多人，嘴巴是抖的，声音是抖的，手是抖的，腿是抖的，心脏都快要跳出来了。”说到底，社恐的一大原因是不自信、自卑。那么，如何增强自信心？可以试试以下方法：

(1) 关注自己的优点。罗列出自己的10个优点。每当你做一件事情的时候，就把自己的优点数一遍，并在心里默念这些优点。

（2）进行有效的暗示。不断对自己进行正面强化，避免负面强化。经常鼓励自己，比如对自己说“我很不错!”“我是最棒的!”

（3）树立自信的外部形象。这包括保持得体的仪表；举止自信，如走路抬头挺胸；注意锻炼，保持健美的体形。

复盘评价						
任务名称	展示自我			任务类别	□个人任务	□团队任务
个人姓名		班级		团队成员		

复盘：总结本次任务的完成情况，掌握了哪些知识和技能、锻炼了哪些能力、体验了哪方面的生涯规划

个人成绩评价指标		自我评价 30%	组内互评 30%	教师评价 40%
知识点掌握（30 分）	通过哪些方面可以展示自我（10 分）			
	如何克服不敢讲、不会讲的问题（10 分）			
	认识自我介绍的重要性（10 分）			
知识点践行（10 分）	按时完成布置的实践活动（10 分）			
素质（20 分）	进取与奋斗（10 分）			
	压力与担当（10 分）			
能力（30 分）	处事能力、控制能力、及时发现问题能力（10 分）			
	灵活性、信息沟通能力、决策或辅助决策能力（10 分）			
	社交能力（10 分）			
知识成果（10 分）	成果展示（10 分）			
得分				
总得分				

任务3 遇见“彩虹”

01 知识目标

- 理解职业生涯的概念和四个基本特征。
- 掌握绘制“生涯彩虹图”的方法。

02 能力目标

- 能准确地定位自己的职业方向。
- 能从生活的长度、广度、深度绘制出自己未来的理想工作形态与生活方式。

03 生涯故事

五只毛毛虫的故事——规划自己的人生

有这样五只毛毛虫：

第一只毛毛虫来到苹果树下的时候，它并不知道这是一棵苹果树，也不知树上长满了红红的苹果，只是跟着同伴盲目地向上爬。它的最后结局会是怎样呢？也许找到了一颗大苹果，幸福地过了一生；也可能在树叶中迷了路，颠沛流离，糊涂一生。不过可以确定的是，大部分的虫都是这样活着的，不去烦恼什么是生命的意义，倒也乐得轻松。

第二只毛毛虫也爬到了苹果树下。它知道这是一棵苹果树，也确定它的目标就是找到一个大苹果，却并不知道大苹果会长在什么地方？它猜想：大苹果应该长在大树枝上吧！于是它慢慢地往上爬，遇到分支的时候，就选择较粗的树枝继续爬。并在这个过程中，通过竞争淘汰了许多同伴，获得通过大树枝的资格，最后到达了一根名为“大学”的树枝上，找到一个大苹果。不过它又发现一个更大的苹果，号称“老板”，是由另一只毛毛虫爬过一根名为“创业”的树枝找到的。更令它泄气的是，这个创业分支是它当年不屑于爬的一根细小的树枝。

第三只毛毛虫也来到了树下。这只毛毛虫还未开始爬时，就先用望远镜搜寻一番，找到了一个超大的苹果。它很细心地从苹果的位置，由上往下反推至目前所处的位置，记下这条最优的捷径，然后才开始往上爬。当遇到分支时，它一点也不慌张，因为它知道该往哪条路走，不必跟着一大堆虫去挤破头。譬如说，如果它的目标是一颗名叫“教授”的苹果，那应该爬“升学”这根树枝；如果目标是“老板”，那应该爬“创业”这根树枝；如果目标是“技能专家”，就应该爬“职业技术”这根树枝。最后，这只毛毛虫应该会有一个很好的结局，但也许会有一些意外的结局出现，因为毛毛虫的爬行相当缓慢，当它抵达时，也许苹果已被别的虫捷足先登，也许苹果已熟透而烂掉了。

第四只毛毛虫具有先知先觉的能力，它不仅知道自己要何种苹果，更知道未来的苹果将如何成长。它将目标定位为一朵含苞待放的苹果花。它规划着自己的时间和路程，并计算好当它抵达时，这朵花正好成长为一颗成熟的大苹果，它将是第一个钻入大苹果里的虫。果不其然，它获得了成功，从此过着幸福快乐的日子。

第五只毛毛虫是含着金汤匙出生的，什么也没做，就在树下躺着纳凉，而一颗颗大苹果就从天而降。因为树上某一大片树枝早就被它的家族占领了。它的爷爷、爸爸、哥哥们盘踞在某一根树干上，禁止其他毛毛虫进入。等到苹果成熟时，就一颗颗地丢给树下的子孙捡食，但是这只毛毛虫也可能意外地被从天而降的大苹果砸死。千万不要盲目羡慕这只毛毛虫，不劳而获的生活没有意义，因为“虫”活一辈子不能只满足于吃饱穿好，没有任何追求。

五只毛毛虫的经历其实就是五种人的活法。或许，你想做第一只毛毛虫，和很多人一样过寻常人的生活。或许，你想做最后一只毛毛虫，等着天上掉下馅饼。但无论如何，一个人的职业生涯规划对其一生都至关重要，职业绝不仅仅只是一个挣钱糊口的手段，而应该是人生的一个历程，没有对职业的追求和规划，可以说人生是不完整的。我们须知不进则退的道理，一个只把工作当谋生手段的人非但很难成功，甚至连最基本的要求都达不到，就可能丧失工作和经济来源。应该说，每个人对未来都是有追求的，也许你的目标还不太明确，也许你的现状和目标差距太远，但请相信，只要做好达到职业目标的规划并切实付出努力，成功一定会属于你。有一首歌叫“再也不能这样活”，想一想你现在的生活状态，是不是也由衷地发出这样的感慨呢？那么就从今天起做好职业生涯规划，使你的人生掌握在自己的手中。

04 生涯实践

活动：绘制我的生涯彩虹图

我们在自己的生命历程中正在或者将要扮演很多角色。每一个角色构成了一道风景线，多重的角色整合起来就构成了我们的生涯彩虹图。下面，我们一起来动动手，做一个填色游戏，画出自己的生涯彩虹图。

活动步骤：

1. 学习知识链接里的职业生涯和生涯彩虹图理论知识点，然后在图 1 - 3 上绘出自己的人生彩虹；

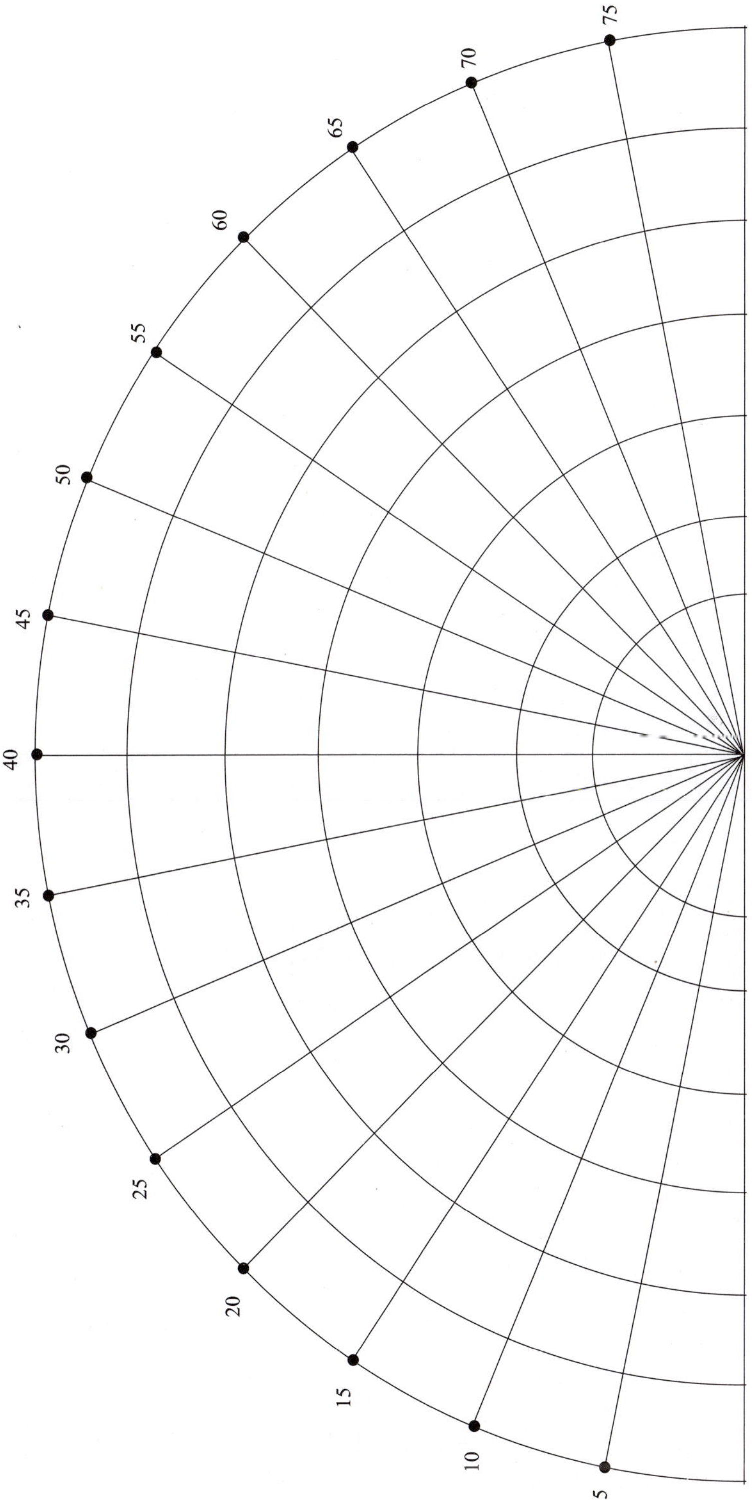

图1-3　绘制生涯彩虹图

2. 彩虹的长度代表时间的长短，彩虹的宽度代表你投入精力的大小。把自己已经扮演或者正在扮演的角色年龄段用实线描出来；

3. 根据自己已有的感受和未来期望，给相应的扇形格涂色。幸福感、成就感越高的，用越暖的颜色，如红色、黄色等；反之用冷色，如紫色、蓝色等；

4. 活动时长：15 分钟。

05 知识链接

一、职业生涯的概念

生涯是一个人依据自己的人生理想，为了自我实现而逐渐展开的一种独特的生命历程。美国著名职业生涯规划大师舒伯将“生涯”定义为：一个人终生经历所有职位的整个历程。生涯既包含了一个人终其一生所从事的工作，也包含了与工作有关的各种角色。一般认为，职业生涯是一个人一生中与其职业相关的活动和经验。职业生涯起始于任职前的职业学习和培训，终止于退休。

职业生涯是一个动态的过程，包括一个人一生在职业岗位上所度过的、与工作活动相关的连续经历。也就是说，不论职位高低，不论成功与否，每个工作着的人都有自己的职业生涯。因此，职业生涯是人一生中最重要的历程，是追求自我、实现自我的重要人生阶段，对人生价值起着决定性作用。

从总体上来看，职业生涯具有如下四个基本特征。

（一）职业生涯具有独特性

不同的个体有不同的生涯，个体在职业理想、职业条件、职业选择等方面都不同，加上每个人为实现自己的职业理想所做努力的不同，就构成了人与人相区别的、独特的职业生涯历程。

（二）职业生涯具有整合性

职业生涯不仅局限于“工作”或“职业”，还包含了个人的“生活风格”，即包含一个人在其一生中所从事的所有活动，它是人一生所从事的各种活动的集合。人的一生扮演着不同的角色，从孩童到学生再到上班族，不同社会角色的组合形成了人的“生活风格”，这样的发展过程就构成了“生涯”。

（三）职业生涯具有终生性

职业生涯是一个动态发展的历程，学者们已经将“终其生”作为职业生涯的时间限定。每个人在不同阶段有着不同的职业规划和追求，其具体表现为在人生每个阶段都要不断地积极实施并形成连续不断的活动。即使在晚年阶段，个人也会不同程度地扮演好自己的角色，发挥余热，“老骥伏枥，志在千里”正是人生晚年对职业生涯的追求。

（四）职业生涯具有互动性

职业生涯是一个发展、演进的动态过程。从整体来看，每个人的职业生涯都在个人与他人、个人与环境、个人与社会的互动中，根据自己所掌握的社会职业信息、职业决策技术，做出与该阶段相符的职业生涯规划。这种个人与外部环境的互动，对其职业生涯有着重要的影响。

二、理性设计职业生涯

职业生涯规划是指个人根据自身的主观因素和对客观环境的分析，确立自己的职业生涯发展目标，选择实现这一目标的职业，以及制订相应的工作、培训和教育计划，并按照一定的时间安排，采取必要的行动以实现职业生涯目标的过程。有了职业生涯规划，才能准确地定位职业方向，也才有了评价个体职业行为的标准。只有这样，一个大学生才会有选择地学习与职业发展相关的课程和技能，获得更多选择职业和取得成就的机会，提升职业竞争力。职业生涯的发展是一个过程，是随个体对职业生涯认知的深入和对自我的再认识，在职业生涯规划大目标确认以后，对具体的行为进行评价和调整的过程。因此，职业生涯规划一般包括自我分析、目标设定、策略制定、反馈与修正四方面的内容。

三、生涯彩虹图

微课1－3　生涯彩虹图（上）

美国心理学家舒伯把生命比作彩虹，这是具有美学意义的一个“隐喻”。除了原有的发展阶段理论外，结合生涯发展理论和角色理论，舒伯创造性地把这个描绘生活长度、生活广度和生活深度的生涯发展图形命名为“生涯彩虹图”，如图1－4所示。

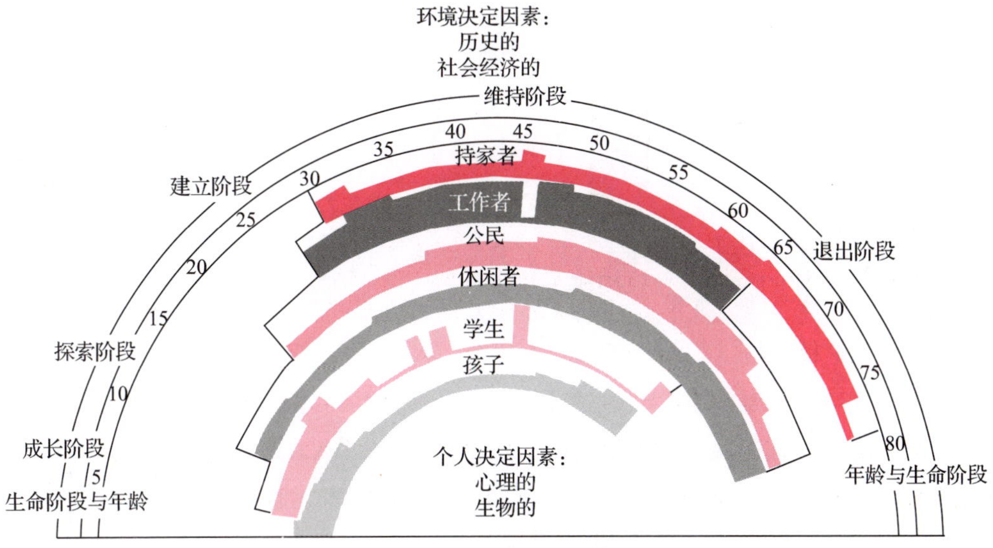

图1－4　生涯彩虹图

（一）横贯一生的彩虹——生活长度

在生涯彩虹图中，横向层面代表的是横跨一生的生活长度。彩虹的外层显示人生主要的发展阶段和大致的年龄层：成长阶段（相当于儿童期）、探索阶段（相当于青春期）、建立阶段（相当于成人前期）、维持阶段（相当于中年期）以及退出阶段（相当于老年期）。在这五个主要的人生发展阶段，各个阶段下还有小的阶段，舒伯特别强调各个时期的年龄划分有相当大的弹性，应依据个体不同的情况而定。

（二）纵贯上下的彩虹——生活广度

在生涯彩虹图中，纵向层面代表的是纵贯上下的生活空间，是由一组职位和角色所组成的。舒伯认为人在一生当中必须扮演六种主要的角色，依序是子女、学生、休闲者、公民、工作者、持家者。

微课 1-4 生涯彩虹图（下）

（三）投入程度的彩虹——生活深度

舒伯将显著角色的概念引入了生涯彩虹图，他认为角色除了与年龄和社会期望有关外，与个人所涉及的时间与情绪程度（个人在各个角色上所花的时间和感情，也称“生活深度”）也有关联，即投入的程度由承诺度、参与度、价值期待、角色理解等四项指标测定。

生涯彩虹图可以应用到生涯评估和个体的发展状况上。通过生涯评估的方式，个体可以就个人的潜能与问题，进行综合而积极的分析，还可以深度探究工作的重要性、各种角色的分量及各种角色的价值观，并对生涯成熟（如计划、决策技巧、职业资料、适切性）、自我观念（如自尊、明确性、和谐性、认知复杂度、切实性）、能力与潜能的发展水准、兴趣范围与活动等进行深入的评估。

06 生涯分享

大学之道

湖南大学校长段献忠在开学典礼的致辞中，引用了《墨子·修身》一文里的“志不强者智不达”一句，告诫同学们做学问需下苦功夫。他谈到，湖大学生应该有放眼天下的气度，承朱张之绪，取欧美之长，探求真理，追求卓越，止于至善；应该有挺身任事的担当，楚材蔚起，奋志安壤，振兴中华，心忧天下，敢为人先。

吉林大学校长李元元的开学发言辞也同样“文绉绉”。李元元鼓励同学们要把读书学习作为大学的第一要务，他用陶渊明《杂诗》中：“盛年不重来，一日难再晨。及时当勉励，岁月不待人。”以此说明，求学之要贵在勤奋、贵在钻研、贵在有恒，切不可有松散之意、懈怠之心。此外，他还引用苏轼《晁错论》名句：“古之立大事者，不惟有超世之才，亦必有坚忍不拔之志”，要求学生回归本位，始终发扬勤奋拼搏的治学精神，勉励大家勤奋拼搏一直是改变人生命运、成就人生梦想的“奠基石”。

南京大学校长吕建则用《逍遥游》的一段古文：“北冥有鱼，其名为鲲。鲲之大，不知其几千里也。”他对新生们说：“在南京大学，你们能真切地感受到这种舒展的愉悦和成长的收获，发现自己，学以成人。”

点评：

未来属于青年，希望寄予青年。一百年前，一群新青年高举马克思主义思想火炬，在风雨如晦的中国苦苦探寻民族复兴的前途。一百年来，在中国共产党的旗帜下，一代代中国青年把青春奋斗融入党和人民事业，成为实现中华民族伟大复兴的先锋力量。新时代的中国青年要以实现中华民族伟大复兴为己任，增强做中国人的志气、骨气、底气，不负时代，不负韶华，不负党和人民的殷切期望！大学帮助新时代的青年们学会明辨是非，帮助他们坚定信念，青年们应在大学做好职业生涯规划，合理规划大学生活，为自己未来的发展打下基础。

<table>
<tr><th colspan="6">复盘评价</th></tr>
<tr><td>任务名称</td><td colspan="2">遇见“彩虹”</td><td>任务类别</td><td colspan="2">□个人任务　□团队任务</td></tr>
<tr><td>个人姓名</td><td></td><td>班级</td><td>团队成员</td><td colspan="2"></td></tr>
<tr><td colspan="6">复盘：总结本次任务的完成情况，掌握了哪些知识和技能、锻炼了哪些能力、体验了哪方面的生涯规划</td></tr>
<tr><td colspan="3">个人成绩评价指标</td><td>自我评价
30%</td><td>组内互评
30%</td><td>教师评价
40%</td></tr>
<tr><td rowspan="3">知识点掌握
（30 分）</td><td colspan="2">职业生涯的概念（10 分）</td><td></td><td></td><td></td></tr>
<tr><td colspan="2">职业生涯的四个基本特征（10 分）</td><td></td><td></td><td></td></tr>
<tr><td colspan="2">绘制“生涯彩虹图”的方法（10 分）</td><td></td><td></td><td></td></tr>
<tr><td>知识点践行
（10 分）</td><td colspan="2">按时完成布置的实践活动（10 分）</td><td></td><td></td><td></td></tr>
<tr><td rowspan="2">素质
（20 分）</td><td colspan="2">进取与奋斗（10 分）</td><td></td><td></td><td></td></tr>
<tr><td colspan="2">压力与担当（10 分）</td><td></td><td></td><td></td></tr>
<tr><td rowspan="3">能力
（30 分）</td><td colspan="2">处事能力、控制能力、及时发现问题能力（10 分）</td><td></td><td></td><td></td></tr>
<tr><td colspan="2">灵活性、信息沟通能力、决策或辅助决策能力（10 分）</td><td></td><td></td><td></td></tr>
<tr><td colspan="2">社交能力（10 分）</td><td></td><td></td><td></td></tr>
<tr><td>知识成果
（10 分）</td><td colspan="2">成果展示（10 分）</td><td></td><td></td><td></td></tr>
<tr><td colspan="3">得分</td><td></td><td></td><td></td></tr>
<tr><td colspan="3">总得分</td><td colspan="3"></td></tr>
</table>

任务1 学习MBTI理论，找一份与个性匹配的工作
任务2 理解霍兰德职业兴趣理论，测算职业兴趣
任务3 掌握能力评估法则，扬长避短成就自我

项目二

职业性格、兴趣及能力发展测试

任务 1　学习 MBTI 理论，找一份与个性匹配的工作

01　知识目标

- 理解性格的概念及性格与职业发展的关系。
- 了解 MBTI 性格理论及其 16 种类型。

02　能力目标

- 能通过 MBTI 性格理论测试对自我职业性格进行准确的认识。

03　生涯故事

做一份与个性匹配的工作，收获一种职业成长的快乐

孙某，某高职院校电子商务专业的学生，性格开朗，爱好广泛，在校期间曾担任学院文艺部部长。孙某不但多才多艺，组织能力强，学习成绩也很突出，各门功课都很好。毕业时，一家烟草物流企业来学校招聘办公室文员，兼做企业外联。许多同学犹豫不决，到底做技术还是做销售？什么样的工作才是好工作？是在大城市还是郊区？

孙某认为这个岗位很适合自己，不但能使用上所学的商务知识，还能把自己的组织能力发挥出来，这份工作的外向性特点很适合她的性格。入职一年多的时间，孙某凭借她高度的工作热情和出色的工作表现，已经成为企业重点培养的对象。当大批同届毕业生还在左顾右盼的时候，孙某却已经打开了职业成长路径。

性格对于职业道路的选择，有着深远的影响。性格活泼的人，适合有挑战性的工作；性格内向的人，适合稳定的工作。有的人适合与物打交道，有的人则擅长与人打交道。孙某对自己的性格认识清晰，找到了适合自己的工作。如果一入职就选择了适合自己的职业成长通道，不但会为今后的职业成长打下坚实的基础，还会大大加快职业成长的速度。只有了解自我，明晰职业性格，确定兴趣方向，才能帮助自己成就职业生涯。

04　生涯实践

○ 活动一：探索你的职业性格

每个人都应考虑如何在职业选择中发挥自己的性格优势。通过 MBTI（Myers-Briggs Type Indicator）自我评估问卷，大家可以认识到自己所具有的性格类型，MBTI 测试中

提供的性格类型描述仅供测试者确定自己的性格类型之用，性格类型没有好坏，只有不同。每一种性格特征都有其价值和优点，也有缺点和需要注意的地方。清楚地了解自己的性格优劣势，有利于更好地发挥自己的特长，并尽可能地在为人处世中避免自己性格中的劣势，更好地和他人相处，更好地做重要的决策。

活动步骤：

1. 通过学校心理平台的测试咨询板块进行 MBTI 测试（16 型性格测试）；

2. 若学校没有测试平台，在网络上搜索 16 型性格测试，选择免费的平台进行测试。

活动二：写出自己的 MBTI

活动步骤：

1. 参考表 2－1 中的范例，学习知识链接中的 MBTI 理论知识点，根据所做的 MBTI 测试，写下测试结果得出的四个字母，组成你的性格类型：________________；

2. 将组成你性格类型的四个字母分别填入表 2－2 的“类型”一栏中，对其特点进行描述，并结合生活中的实例验证情况完成表 2－2；

3. 两个活动时长：20 分钟。

表 2－1 小张 MBTI 性格类型评估

类型	特点描述	生活验证
E（外向）	关注自己如何影响外部环境，把心理能量和注意力聚集于外部世界和与他人的交往上	总是和同学朋友谈天说地
N（直觉）	关注事物的整体和发展变化趋势，喜欢创造和想象，善于看到新的可能性，相信灵感	我招募团队成员的标准之一就是要有创造性思维
T（思考）	重视事物之间的逻辑关系，喜欢通过客观分析作出决定、评价，行为较理智和公正	我经常会分析一些新闻热点背后的真实内幕
P（知觉）	试图去理解、适应环境，倾向于留有余地，任事情自由发展，可以随机应变，调整目标	我总会有新的计划，并努力为之奋斗

表2-2 我的MBTI性格类型评估

姓名		班级	
类型	特点描述		生活验证

05 知识链接

一、性格的概念

性格也称为人格特质，是一个人在生活中对人、事、自己及外在环境所表现出来的一致性反应方式。

美国著名职业生涯指导专家约翰·霍兰德认为，性格是兴趣、价值观、需要、技能、信念、态度和学习风格的综合体；职业选择是性格的一种表现，是个人人格的反映和延伸。

二、性格与职业发展的关系

在我们周围可以发现，同一职业类型或团体中的人往往性格相似，比如销售行业的人多数是外向型性格；会计行业的人比较细心；教师善于关心爱护他人；从政的人手腕比较强硬，执行力强。职业指导就是帮助人们了解自己的性格属于哪一种类型，然后在对应的职业环境中寻找合适的工作方法，这样可以缩小人们职业选择的搜索范围，使职业选择的方向性更强，因此了解自己的性格更有利于个人才能的充分发挥和价值的充分实现。

三、MBTI 人格类型理论

（一）什么是 MBTI

微课 2-1 MBTI 人格理论

MBTI 是一份自我评估问卷，是一套很具体的用于鉴定心理类型的测试，在历经数十年的使用后得到了精炼和完善。MBTI 是用以衡量和描述人们在获取信息、做出决策和生活取向等方面偏好的典型测试工具。它建立在卡尔·荣格的感觉与判断理论的基础之上，将人们大致分为 16 种类型。MBTI 为我们提高自我认识，了解人际间的差异与相似提供了一种简便有效的方法。

1. 能力倾向：外向（E）——内向（I）

1）外向（E）：关注自己如何影响外部环境，把心理能量和注意力聚焦于外部世界和与他人的交往上，如聚会、评论、聊天。

2）内向（I）：关注外部环境的变化对自己的影响，把心理能量和注意力聚焦于内部世界，注重自己的内心体验，如独立思考、看书。

2. 接收信息：感觉（S）——直觉（N）

1）感觉（S）：关注由感觉器官获取的具体信息，喜欢收集真实存在、已经出现的真实信息，关注现实。

2）直觉（N）：关注事物的整体及其发展变化趋势，喜欢创造和想象，善于看到新的可能性，相信灵感。

3. 处理信息：思考（T）——情感（F）

1）思考（T）：重视事物之间的逻辑关系，喜欢通过客观分析做出决定、评价，行为较理智和公正。

2）情感（F）：以自己和他人的感受为重，把价值观作为评定标准，善于体贴他人、感同身受。

4. 行动方式：判断（J）——知觉（P）

1）判断（J）：喜欢做计划和决定，愿意进行管理和控制，希望生活井然有序，习惯按部就班、有条理的生活，尊重时间期限。

2）知觉（P）：灵活，试图去理解、适应环境，倾向于留有余地，任事情自由发展，可以随机应变，调整目标。

（二）MBTI 的由来

MBTI 有两位作者，嘉芙莲·谷嘉·布里格斯和她的女儿伊莎贝尔·布里格斯·迈尔斯。她们平生热爱严谨地观察不同的人在性格上的表现。她们钻研并阐释瑞士心理学家卡尔·荣格的理论，而且将它应用于了解她们身边的人。目睹了第二次世界大战期间人类潜能被践踏的境况之后，麦尔便开始致力于发展性格类型评估，务求使各种不同性格类型的人都能从中受益。因为她发现，认识心理类型和了解人各有异，能带来许多益处。

（三）今天的 MBTI

经过多年的研究和发展，MBTI 已成为当今世界使用最广泛的性格类型评估工具之一。MBTI 阐明了各种性格的人各不相同的行为模式，因此它有许多不同的用途，比如，自我了解和发展，事业发展和探索，机构发展，团队建设，管理和领导培训，解决和辅导人际关系问题，教育及课程开发，学术辅导，多元化和多文化的培训。

多年来，MBTI 的理论在全球范围内得到了广泛的运用：公司利用它进行招聘选拔、人岗匹配、组织诊断、改善团队沟通及人际关系；青年人利用它进行职业生涯规划；教师学生利用它提高学习、授课效率；夫妻利用它形成融洽的关系、增进感情……

据专业统计，世界前 100 强公司中的 89%，世界前 500 强公司中的 80% 已引入了 MBTI 测试，用作员工和管理层自我发展、提升组织绩效的重要方法，如迪士尼、百事可乐、西南航空、通用电气、保利来、Novell 网络公司、3M、IBM 等。

MBTI 性格类型解释见表 2－3。

表 2－3　MBTI 性格类型解释

序号	性格类型	解析
1	教导者（ENFJ）	循循善诱引导他人
2	奋斗者（ENFP）	天下没有不可能的事
3	统帅者（ENTJ）	一切尽在掌握
4	发明家（ENTP）	总有一些新点子
5	供应者（ESFJ）	热情主动地帮助别人把事情做好
6	表演者（ESFP）	整个世界就是一个大舞台
7	监督者（ESTJ）	掌控当下，让各种事物有条不紊地进行
8	创业者（ESTP）	不间断地尝试新的挑战
9	劝告者（INFJ）	基于博爱的理想，设身处地关怀他人
10	化解者（INFP）	生活在自己的理想世界
11	策划者（INTJ）	追求能力与独立
12	设计者（INTP）	聪颖机智地解决问题

（续）

序号	性格类型	解析
13	保护者（ISFJ）	值得信赖和依靠
14	创作者（ISFP）	用有形的作品展示丰富的内心世界
15	检查者（ISTJ）	细致、谨慎地执行现有规则
16	手艺者（ISTP）	平静地思考着，但有时候其行为往往出人意料

06 生涯分享

奇迹

2021年8月1日，东京奥运会男子100米半决赛，苏炳添跑出了9.83s，以小组第一的成绩强势闯入决赛，创造了黄种人的奇迹。苏炳添挥舞着拳头，兴奋地大叫着，“我终于完成了梦想，谁说黄种人不行了。”

其实，苏炳添想过退役。一是因为身高。短跑运动员的黄金身高是180cm到195cm，但他只有172cm。二是黄金年龄即将结束。短跑运动员的最佳状态大多数都在28岁之前，而苏炳添15岁才进入体校，开始专业训练，参加东京奥运会时已经32岁了。

但苏炳添自从练短跑开始，就立下了一个梦想：“成为第一个进入奥运百米决赛的中国人、黄种人、亚洲人。”一想到这个梦想，他就充满了斗志，按照以前老的训练方式，成绩很难再提高了，于是苏炳添想到了“改变”。

改变的第一步是先找到不足。苏炳添跟教练一起参照“冠军模型”，对自己进行了全面的诊断，然后发现了一些问题：比如起跑姿势不合理，扒地技术不合理，全程呼吸和速度节奏不佳……问题找到后，就是进行一项项针对性训练了。训练不仅疲累，而且非常枯燥。

知乎上有一个问题：长时间坚持做一件事是种怎样的体验？苏炳添回答道：“说实在的，很枯燥。有的时候练着练着就会想：太累了，明天还要练啊！太累了，还要练那么多年，怎么坚持啊……人也不是机器，肯定会有一些波动的。但我会通过其他一些方式来调整自己，比如想想自己最终的目的是什么，就又走回正轨。”

点评：

有时候，我们之所以会觉得梦想特别高远，那是因为我们在接近它的路上，还走得太少。奥运赛场如此，人生赛场也如此。青年一代有理想、有担当，国家就有前途，民族就有希望，实现中华民族伟大复兴就有源源不断的强大力量。坚持与祖国同行、为人民奉献，用坚强乐观的性格和心态坚持，以青春梦想、用实际行动为实现中国梦做出新的更大贡献。

复盘评价				
任务名称	学习 MBTI 理论，找一份与个性匹配的工作		任务类别	□个人任务　□团队任务
个人姓名		班级	团队成员	

复盘：总结本次任务的完成情况，掌握了哪些知识和技能、锻炼了哪些能力、体验了哪方面的生涯规划

个人成绩评价指标		自我评价 30%	组内互评 30%	教师评价 40%
知识点掌握（30 分）	性格的概念（10 分）			
	性格与职业发展的关系（10 分）			
	MBTI 人格类型理论（10 分）			
知识点践行（10 分）	按时完成布置的实践活动（10 分）			
素质（20 分）	进取与奋斗（10 分）			
	压力与担当（10 分）			
能力（30 分）	处事能力、控制能力、及时发现问题能力（10 分）			
	灵活性、信息沟通能力、决策或辅助决策能力（10 分）			
	社交能力（10 分）			
知识成果（10 分）	成果展示（10 分）			
得分				
总得分				

任务 2　理解霍兰德职业兴趣理论，测算职业兴趣

01 知识目标

- 理解兴趣的概念及兴趣与职业发展的关系。
- 理解霍兰德职业兴趣理论的 6 种类型。

02 能力目标

- 能通过霍兰德职业兴趣理论清楚了解自己的职业兴趣。
- 能通过兴趣类型与职业的对应关系树立科学合理的择业观。

03 生涯故事

莎士比亚的戏剧之路

莎士比亚小时候在家乡看过几场戏剧演出，这激发了他对戏剧的浓厚兴趣，从而决心成为一名伟大的戏剧家。因为家境贫困，只上过五年学的他坚持刻苦自修，读了许多文学、哲学、历史学书籍，还学习了希腊文和拉丁文。为了进入戏剧界，22 岁的他从家乡到伦敦的一家戏院当马夫，一有空就偷着看演出，细心琢磨角色的表演。后来，他终于争取到了一个配角的角色，向着心中渴望的目标一步步靠近。从 30 岁开始，他坚持写剧本，一生写了包括《罗密欧与朱丽叶》《哈姆雷特》在内的大量传世之作。

对自己兴趣的认知可以引导我们过滤掉无关紧要的需求，从而发现自己内在的真正需求。莎士比亚的成功在于他对自我兴趣的清晰认知，他把自己感兴趣的事情作为职业成功的目标，从而激发了职业行动，并实现了职业目标。

04 生涯实践

活动：制作生涯记录单

通过霍兰德职业兴趣测试可以了解自己的兴趣方向，对照找出与之相配的职业，从而了解自己适合的工作领域。

活动步骤：

1. 学习知识链接里的霍兰德职业兴趣理论知识，进行霍兰德职业兴趣测试；
2. 记录测评结果并完成表 2 -4；
3. 活动时长：20 分钟。

表 2-4　我的生涯记录单

姓名		班级	
序号	问题	结论	
1	霍兰德兴趣测评结果		
2	搜索与自己专业相关的 10 种职业		
3	从 10 种职业中挑选 3 种相对感兴趣的职业	1.________ 2.________ 3.________	
4	所选中职业吸引你的原因	1.________ 2.________ 3.________	
5	通过测评结果和职业匹配度，思考自己可以加强和改进的地方		

05 知识链接

一、兴趣的概念

兴趣是指一个人力求认识、掌握某种事物并经常参与该种活动的心理倾向，或者说兴趣是指人积极探索某种事物的认识倾向。当兴趣的对象指向某一职业时，就称之为职业兴趣。

二、兴趣与职业发展的关系

美国芝加哥大学心理学教授米哈里·契克森米哈赖发现：当人们在专心致志地、积极地从事某种活动，忘记了时空和自己的时候，他们感到最为愉快和满足。他将这种状态称为“流动（Flow）”“聚精会神”“忘我”的状态。

大量研究表明，兴趣与工作满意度、职业稳定性和职业成就感之间都存在着明显的关联。如果从事的职业符合自己的兴趣，内心就会拥有源源不断的动力，促使自己全身心地投入，不断提升应对挫折以及解决问题的能力，将兴趣发展为能力。

因此，职业生涯辅导普遍将兴趣作为自我探索的一个重要方面，并开发了多种量表来测量人们的职业兴趣。同时，对工作世界的划分在很大程度上也是参照对职业兴趣的划分进行的。

职业兴趣与从事的职业相吻合，这是最理想的情况。一个人如果能根据自己的爱好去选择职业，他的主动性将会得到充分发挥。这样的话，即使工作十分疲倦和辛劳，也总是兴致勃勃、心情愉快；即使困难重重，也绝不灰心丧气，而是想尽各种办法，百折不挠地去克服困难，甚至废寝忘食、如醉如痴。

三、霍兰德职业兴趣理论

微课2-2 霍兰德职业兴趣理论

霍兰德自20世纪70年代以来，提出了一系列的研究假设和成果。他认为：

1）职业选择是人格的一种表现，某一类型的职业通常会吸引具有相同人格特质的人，这种人格特质反映在职业上，就是职业兴趣。大多数人的职业兴趣（人格）可以归纳为六种类型（见图2-1）：实用型（Realistic Type，简称R）、研究型（Investigative Type，简称I）、艺术型（Artistic Type，简称A）、社会型（Social Type，简称S）、企业型（Enterprising Type，简称E）和事务型（Conventional Type，简称C）。

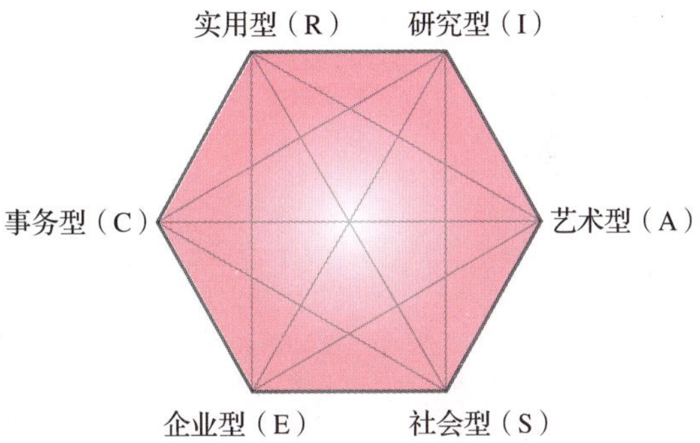

图2-1 霍兰德职业兴趣理论

2）个人的职业兴趣往往是多方面的，因此通常用3个字母（代表最强的3种兴趣类型）的代码来表示一个人的职业兴趣，这个代码就称为“霍兰德代码（Holland Code）”。3个字母之间的顺序表示了不同类型兴趣强弱程度的不同。

至于个人在6个类型上的得分高低，则体现出个人的兴趣（人格）分化与否（区分性），如果6个类型上的得分之间有较大的差异，则代表个人的人格特质发展或对职业环境的偏好越清晰。若6个类型的得分比较接近，则表示个人的职业兴趣仍然不够明确。

3）同一职业团体内的人有相似的人格特质，因此，他们对情境和问题会有类似的看法，从而产生特定的职业氛围，即职业环境。这种职业环境具有特定的价值观念、态度倾向和行为模式。由此，工作环境也可以分为6种类型，其名称与性质和人格类型的分类一致，具体职业通常也采用上述3个字母代码的方式来描述其工作性质和职业氛围。

4）霍兰德提出了六角形模型用来解释6种类型之间的关系。在六角形上，任何两种类型之间的距离越近，其职业环境及人格特质的相似程度就越高。或者说，它们的一致性就越高。例如，企业型和社会型在六角形模型上是相邻的类型，它们的相似性也最高。因为这两种类型的人都比其他类型的人更喜欢与人打交道，只是他们打交道的方式不同而已。而事务型和艺术型处于对角线的位置上，它们就缺少一致性，而具有相反的特质。例如，事务型的人喜欢循规蹈矩，而艺术型的人则追求自由与个性化。

5）个人人格类型和职业环境之间的适配将增加个人的工作满意度、职业稳定性和职业成就感。六角形模型可以帮助我们对人格特质类型与职业环境类型之间的适配性进行评估。例如，一个霍兰德代码为SAI的人在一个社会型、艺术型、研究型占主导地位的职业环境（如教师行业）中工作会感到舒适自在，但如果让他在一个实用型、事务型占主导的职业环境（如卡车司机行业）中工作可能就会感到格格不入、不满意。根据霍兰德的假设，适配性的高低可以用来预测个人的职业满意度、职业稳定性及职业成就感。因此，霍兰德主张：个人人格特质中占主导地位的类型可以为个人在选择职业和工作环境上提供方向。

四、兴趣类型与职业对应表

兴趣类型与职业对应表见表2－5。

表2－5　兴趣类型与职业对应表

类型	劳动者	职业
实用型（R）	①愿意使用工具从事操作性工作 ②动手能力强，做事手脚灵活，动作协调 ③不善言辞，不善交际	主要是指各类工程技术工作、农业工作。通常需要一定体力，需要运用工具或操作机器 主要职业：工程师、技术员；机械操作、维修、安装工人，矿工、木工、电工、鞋匠等；司机，测绘员、描图员；农民、牧民、渔民等
研究型（I）	①抽象思维能力强，求知欲强，肯动脑，善思考，不愿动手 ②喜欢独立的和富有创造性的工作 ③知识渊博，有学识才能，不善于领导他人	主要是指科学研究和科学实验工作 主要职业：自然科学和社会科学方面的研究人员、专家；化学、冶金、电子、无线电，电视、飞机等方面的工程师、技术人员：飞机驾驶员、计算机操作员等
艺术型（A）	①喜欢以各种艺术形式的创作来表现自己的才能，实现自身的价值 ②具有特殊艺术才能和个性 ③乐于创造新颖的、与众不同的艺术作品，渴望表现自己的个性	主要是指各类艺术创造工作 主要职业：音乐、舞蹈、戏剧等方面的表演者、艺术家、编导、教师；文学、艺术方面的评论员；广播节目的主持人、编辑、作者；绘画、书法、摄影家；艺术、家具、珠宝、房屋装饰等行业的设计师等
社会型（S）	①喜欢从事为他人服务和教育他人的工作 ②喜欢参与解决人们共同关心的社会问题，希望发挥自己的社会作用 ③比较看重社会义务和社会道德	主要是指各种直接为他人服务的工作，如医疗服务、教育服务、生活服务等 主要职业：教师、保育员、行政人员；医疗人员；衣食住行服务行业的经理、管理人员和服务人员；福利人员等

（续）

类型	劳动者	职业
企业型（E）	①精力充沛、自信、善交际，具有领导才能 ②喜欢竞争，敢冒风险 ③喜爱权力、地位和物质财富	主要是指那些组织与影响他人共同完成团队目标的工作 主要职业：经理企业家、政府官员、商人、行业部门和单位的领导者、管理者等
事务型（C）	①喜欢按计划办事，习惯接受他人指挥和领导，自己不谋求领导职务 ②不喜欢冒险和竞争 ③工作踏实，忠诚可靠，遵守纪律	主要是指与文件档案、图书资料、统计报表之类相关的各类科室工作 主要职业：会计、出纳、统计人员；打字员；办公室人员；秘书和文书；图书管理员；旅游、外贸职员、保管员、邮递员、审计人员、人事职员等

五、更好地理解兴趣

寻找职业兴趣是进行成功的职业生涯规划的重要依据之一。大学生在寻找职业兴趣过程中要注意以下问题。

1）有的人兴趣广泛，在职业选择时同样感到困惑，18 世纪英国作家劳伦斯·斯特恩写道："对于那些对任何事情都感兴趣的人来说，短暂的生命挤满无穷的探险。"如果你兴趣广泛，你会发现很难找到一个能够完全满足你所有兴趣的职业，倒不如专注其中最重要的一个兴趣，使其成为职业，而把其他的兴趣发展成为你的业余爱好。

2）尽量把专业和爱好结合起来。假如你学的是经济学专业，相对而言，寻找工作的领域会比较宽泛，你可以进入文化产业从事和专业相关的工作，然后再确定未来的事业方向。这样的话就可以将文化、艺术类的爱好作为自己生活的另一部分，和职业生活并行。很多成功人士有着艺术方面的特长，这不仅有利于身心愉悦，也促进了他们事业的发展。

3）处理好兴趣与责任的关系。有兴趣的人经常会在职业中受挫，因为很多事情不符合自己的兴趣，于是很多人疑惑，是否必须选择自己感兴趣的工作？于是，对兴趣的看法也成为衡量职业人成熟度的一个标准。对于职业人来讲，只有兴趣还不够，还要有责任。工作，经常是一部分让你感兴趣，一部分让你不感兴趣。比如，你喜欢和人打交道，但是不一定喜欢和各种类型的人打交道。所以每个人都会在工作中遇到兴趣和工作产生冲突的情况，这个时候，成熟的职业人会采取"暂时忍耐"的策略，以工作需要为重。

4）兴趣和职业的匹配是一个渐进和艰难的过程，很多时候不得不暂时放弃自己的兴趣。比如，你喜欢自由，但是职业会有很多约束；你喜欢管理，但是经常被人管；你喜欢创意，但是经常要循规蹈矩；你喜欢做事，但是经常陷入“办公室政治”中不能自拔。

在职业规划的道路上，太多的职业人面临着“如何接纳自己不喜欢的职业”的挑战，有的时候甚至成为改变自己的核心价值观的问题。职业人必须明白一个事实，那就是兴趣是可以培养的，也是可以管理的，有的时候，甚至可以放弃一种旧兴趣，换为一种新兴趣。

5）先职业，后兴趣，学会管理自己的兴趣。可以把人生的需求分成几个阶段进行考虑，不要强求在大学刚毕业的时候就一步到位。每个人的现实情况都不同，寻找工作的难易程度也不同，你可以先找工作，培养自己的各种能力，具备了较强的实力之后，再转换到和自己的爱好靠近的职业领域。在此过程中培养新兴趣、积累能量、寻找机会，待时机成熟之时，就是理想实现之日。

06 生涯分享

兴趣是成功的动力

习近平总书记曾说：“我爱好挺多，最大的爱好是读书，读书已成为我的一种生活方式。”

读书这个爱好伴随着习近平从陕北农村插队直到成为地方、中央领导人。

习近平爱读书，给许多同事、朋友留下了深刻的印象。

不满16岁的习近平曾在黄土高坡上，开始了知青岁月。“爱看书”“好学”，是习近平留给陕北梁家河村老乡们的印象。乡亲们记得，习近平“带一箱子书下乡”，在煤油灯下看“砖头一样厚的书”，“有时吃饭也拿着书”。

2006年2月17日，时任浙江省委书记的习近平用笔名“哲欣”在《浙江日报》“之江新语”专栏发表题为《多读书，修政德》的文章。他说，我们国家历来讲究读书修身、从政以德。广大党员干部要养成多读书、读好书的习惯，使读书学习成为改造思想、加强修养的重要途径，成为净化灵魂、培养高尚情操的有效手段。

点评：

“知之者不如好之者，好之者不如乐知者。”兴趣是成功的动力，有了兴趣，人才会孜孜不倦地去探索。兴趣是成功的奠基石，是职业是否能走向真正成功的重要决定因素。

复盘评价					
任务名称	理解霍兰德职业兴趣理论，测算职业兴趣		任务类别	□个人任务	□团队任务
个人姓名		班级		团队成员	

复盘： 总结本次任务的完成情况，掌握了哪些知识和技能、锻炼了哪些能力、体验了哪方面的生涯规划

个人成绩评价指标		自我评价 30%	组内互评 30%	教师评价 40%
知识点掌握（30 分）	兴趣的概念（10 分）			
	兴趣与职业发展的关系（10 分）			
	霍兰德职业兴趣理论（10 分）			
知识点践行（10 分）	按时完成布置的实践活动（10 分）			
素质（20 分）	进取与奋斗（10 分）			
	压力与担当（10 分）			
能力（30 分）	处事能力、控制能力、及时发现问题能力（10 分）			
	灵活性、信息沟通能力、决策或辅助决策能力（10 分）			
	社交能力（10 分）			
知识成果（10 分）	成果展示（10 分）			
得分				
总得分				

任务3 掌握能力评估法则，扬长避短成就自我

01 知识目标

- 理解能力的概念、能力与职业发展的关系。
- 了解能力的分类方法。
- 掌握技能的评估方法。

02 能力目标

- 能准确评估自己的各项技能水平。
- 能认识自己职业能力方面的不足及改进方向。

03 生涯故事

突如其来的网络面试

学生小张毕业前夕在网上到处投简历，有些公司要求小张进行网络面试，除了自我介绍外，还有一些专业问题。这可让小张犯了难，在校三年，他对自我的职业能力评估不清，对自己的特长优势不了解，找工作也是大海撒网，这突如其来的网络面试让他如何是好？

职业能力是人的发展和创造的基础。只有了解自我，知晓自己的职业能力，扬长避短，做好规划落地实施，才能帮助自己成就职业。

04 生涯实践

活动一：评估可迁移技能水平

可迁移技能是指能够从一份工作中转移运用到另一份工作中的可以用来完成许多类型工作的技能。通过活动了解自己的可迁移技能水平，可以让我们更好地评估自己的职业能力。

活动步骤：

1. 学习知识链接里的能力知识和分类；
2. 自我评估各项技能水平，并在表2-6“高”“中”“低”3个能力栏中选择1栏打“√”；
3. 活动时长：10分钟。

表2-6 可迁移技能水平评估

技能领域	技 能	高	中	低
管理	计划组织			
	分派职责			
	命令			
	关注细节			
	评价同学、同事以及自己的工作绩效			
	利用数据库和相应软件来组织和呈现信息			
	灵活处理问题			
	同时管理多项任务，分出先后顺序			
沟通	倾听、提问的技巧			
	提供信息			
	接收信息			
	记录回答、报告等，并将文件做专业的分类			
	向大/小规模的群体展现信息			
	让别人接受你的观点			
	协调工作事项			
	掌握一门外语			
	自信和独特地表达自己			
	利用电子手段来交流——通过网络和电子邮件来呈现、交换信息			
问题解决	分析问题			
	处理抽象的问题			
	对于同一个问题提出多种解决方法，挑选出最合适的一种方法			
	利用批判性的思考方式来看待各种因果关系			
	设置并达到目标			
	创造性地思考			
人际关系	领导一个团队			
	衡量和评价他人的工作			
	解决问题和冲突			
	激励别人			
	为别人提供支持			
	了解工作环境和人们的需要，并做出适当的回应			
	和不同个性的人很好地共事			
	教导和培训他人			
学习	善于发现并记录			
	充满好奇心			
	勤奋并有毅力地工作			
	坚持不懈，足智多谋地克服障碍			
	利用网络数据库进行工作			
	利用网络来做研究			

○ 活动二：评估职业能力

活动步骤：

1. 学习知识链接里的相关知识；

2. 参考表 2 -7 的范例，理清自己所期望的目标岗位究竟需要哪种能力，自己目前具备这些能力的水平怎样，在表 2 -8 中填写相应的能力等级，等级分为高、中、低 3 个；

3. 进行对比后，在表 2 -8 需要提升的能力栏打“√”；

4. 思考自己应该从什么方面去促进能力的提升；

5. 活动时长：10 分钟。

表 2 -7　评估职业能力范例

岗位	内容	语言能力	逻辑思维能力	管理能力	动手能力	身体协调能力	沟通能力	自省能力	其他和专业相关的能力	
									学习能力	利用网络数据库工作的能力
电梯检测员	企业需求能力	低	中	低	高	高	中	高	高	高
	本人目前具备能力程度	中	中	低	中	高	中	低	中	低
	需要提升的能力				√			√	√	√
	如何提升	1. ____________ 2. ____________ 3. ____________ 4. ____________								

表 2 -8　评估我的职业能力

岗位	内容	语言能力	逻辑思维能力	管理能力	动手能力	身体协调能力	沟通能力	自省能力	其他和专业相关的能力	

05 知识链接

一、能力的概念

能力是一个人顺利完成某种活动所必须具备的稳定的个性心理特征，包括智力、性向和成就，而且它总是和某种活动相联系，直接影响人的活动效率，并在具体活动中表现出来。能力与大脑的机能有关，它主要侧重于实践活动中的表现。

二、能力与职业发展的关系

（一）能力是胜任某种职业岗位的必要条件

求职者在择业的时候，首先要明确自己的能力优势以及胜任某种工作的可能性。其次在条件允许的情况下，在通过各种手段来确定自己的职业能力和发展的可能性的基础上进行职业选择。

（二）职业的实践和教育培训是能力发展的前提

职业的实践促进职业能力的发展，教育培训促进职业能力的提高。

（三）能力是人的发展和创造的基础

能力是成功地完成某种任务或胜任工作所必不可少的基本因素，没有能力或能力低下，就难以达到工作岗位的要求，不能胜任。人的能力越强，各种能力越是综合发展，就越能促进人在职业活动中进行创造和发展，也就越能取得较好的工作绩效和业绩，越能给人带来职业成就感。

三、能力的分类

能力按其获得的方式（先天具有与后天培养）可以分为“能力倾向”和“技能”两大类。

（一）能力倾向

能力倾向是上天赋予每个人的特殊才能，如音乐、运动能力等，它是与生俱来的，不过也有可能因未被开发而荒废，因此这是一种潜能。能力倾向一般可以概括为以下几种。

（1）语言能力

指对词语及其含义的理解和使用能力，对词语、句子、段落、篇章的理解能力，以及善于清楚正确地表达自己的观念和向别人介绍信息的能力。

（2）数理能力

指能迅速而正确地运算，并能在保持准确率的同时能推理、解决应用问题的能力。

（3）空间判断能力

指对立体图形以及平面图形与立体图形之间关系的理解能力，包括能看懂几何图形、对立体图形的三个面的理解能力，识别物体在空间运动中的联系，解决几何问题。

（4）察觉细节能力

指对物体或图形的有关细节具有正确的知觉能力，对于图形的明暗、线的宽度和长度能做出区别和比较，可以看出其细微的差别。

（5）书写能力

对印刷物、账目、表格等材料的细微部分具有正确的知觉能力，善于发现错字和正确的校对数字的能力。

（6）运动协调能力

指手、脚、身体能够迅速准确和协调地做出准确的动作和运动反应，手能跟随眼睛所看到的东西迅速行动，具有正确控制的能力。

（7）动手能力

指手、手指、手腕能迅速而准确地活动和操作小的物体，在拿取、放置、调换、翻转物体时，手能做出精巧运动和手腕的自由运动能力。

（8）社会交往能力

指擅长人与人之间的相互交往，相互联系，相互帮助，相互影响，能从各方面协同工作或建立良好的人际关系的能力。

（9）组织管理能力

指擅长组织和安排各种活动，以及协调人际关系的能力。

（二）技能

技能是指经过后天的学习和练习培养而形成的能力，如阅读能力、人际交往能力、表达能力等。在个人成长的过程中，通过反复练习，我们都渐渐掌握了各种各样的技能。想象下，你将来或许会成为一名医生，那时，你不仅需要专业的医疗知识和技术背景做基础，同时，你也需要良好的人际关系技能来更好地处理医患关系。不仅如此，你还需要良好的倾听技巧去倾听并理解患者，用批判性的思维去判断备选医疗方案的优劣。为了采取恰当的行动，你还需要运用检测技术诊断患者的身体状况。这些都是日常工作中不同程度地被使用到的技能。

现实生活中，个人的能力水平往往是能力倾向和技能两方面结合的结果。比如，著名的“跳水皇后”郭晶晶在世锦赛、奥运会、世界杯这三大赛事上拿下二十多个冠军，这中间既有她先天良好的个人身体素质的原因，也离不开她后天勤奋刻苦的技能训练。但同时，我们要注意不要将两者混为一谈。比如，我们常常会听到某人说“我这方面的能力不行”，那么，是真的不具备这方面的天赋还是由于缺乏机会培养和练习？事实上，像人际交往能力、沟通能力等，主要依赖后天的练习。许多人际交往能力不佳的人，往往是由于其在青少年时期家庭教育不当，只注重学习成绩而不注重其他技能的培养。在成年之后，他们可以通过听讲座、看书、向人请教等来改善自己这些方面的技能。

四、高职高专大学生能力的特点

微课 2-3 正确看待高职高专大学生能力的特点

高职教育的培养目标是：“培养适应生产、建设、管理、服务第一线需要的高等技术应用型专门人才。”高职院校在专业设置上与普通本科院校有所不同，它是按照社会职业或技术岗位需要培养技术应用型人才，强调的是技术应用教育，突出的是对学生技术应用和操作能力的培养。

因此，高职高专大学生所具备的能力具有以下特点。

（1）动手能力强

高等职业教育重在培养技术型人才，在高等职业教育模式下培养出的学生应掌握相关的职业新知识、新工艺、新设备、新技术，并具备较强的动手能力和分析、处理、指导、解决一线生产实际问题的能力。

（2）岗位适应能力强

高等职业教育采用订单式培养模式，根据社会需求确定人才培养目标，针对相应的职业岗位培养人才，因此高职高专大学生能很快适应职业岗位。

（3）社会能力强

社会能力是指从事职业活动和社会活动所需的行为能力，包括人际关系、职业道德、语言与文字能力等，这是在开放的社会生活中必备的基本素质。

（4）职业意识强

高等职业教育是以就业为导向的教育，专业设置与社会职业岗位相对应，职业定位清晰，职业定向明确。学生学习的目的性、针对性强，就业意识强。

06 生涯分享

谭瑞义：从大专生到博士生的蜕变

一米八五的大高个，站在讲台上的他，笑容温暖和善，举止温文儒雅。他是谭瑞义，仙桃职业学院2005届毕业生，现为北京大学人民医院核医学科医生。在仙桃职业学院办学80周年，他现身校友论坛，与学弟学妹们分享他的故事。

2002 年，谭瑞义进入仙桃职业学院临床医学专业学习。踏入校门的那一刻，他暗下决心：我要专升本去读本科。教室、食堂、寝室，三点一线的往复循环成为他大学生活的全部。他还在书店里买了本科教材自学，碰到不懂的地方，就跑到实验室反复钻研，经常忘了时间、忘了吃饭。

3 年后，他如愿拿到湖北科技学院（原咸宁学院）临床系本科通知书。而本科并非他的终极梦想。在谭瑞义的心里，有一个自少年起便萌生的梦想：成为北大的学生。"虽然我高考没能考入北大，但是，我一定要考上北大的研究生！"他说。

考研毕竟不是一件轻而易举的事情。有这样一种说法：考本校的研究生需要付出 100% 的努力，而考外校的研究生则需要付出 200% 的努力。

谭瑞义回忆，考研之路异常艰难，他常常一个人窝在宿舍里，除了吃饭睡觉，就是看书学习，"一晚上复习一个单元的知识，3 个月背完一万个英语单词。"半年的备考下来，他整整瘦了十几斤。凭借惊人的毅力和执着的信念，他以总分第二名的成绩考上了北京大学医学部研究生。

经历过失败的痛苦，也品尝过成功的喜悦，他付出的每一滴汗水，都为他 3 年后考上北大博士打下了坚实的基础。

"我一直把仙桃当作我的第二故乡，在仙桃职院这 3 年是我人生最重要的 3 年。"在当日的校友论坛上，一向内敛的他不忘表白母校。他坦言，这些年的拼搏奋斗，无非是希望看到更美的风景，现在回头来看，最美好的景色，其实就在翻山越岭的路途当中。

从专科生到博士生，谭瑞义的学霸逆袭路是否能够复制？面对学弟学妹的提问，他说："成功可能很难复制，但是只要你遵从内心，坚持不懈，把时间更多地用在思考、阅读、运动和开阔视野上，相信将来的一天你们一定比我强，因为机会只留给有准备的人。"

点评：

在全面建设社会主义现代化国家新征程中，职业教育前途广阔、大有可为。高职高专学生也许曾经在学习的道路上遇到困难，但只要有战胜困难的勇气和决心，加上坚持到底的毅力，哪怕比别人慢一些，也能成为高素质技术技能人才、能工巧匠、大国工匠，甚至成为更高层次的人才。了解高职高专大学生能力特点和自己的职业能力，努力筑一条属于自己的路，坚定地踏出充满无限可能的每一步，一定可以创造美好未来。

复盘评价				
任务名称	掌握能力评估法则，扬长避短成就自我		任务类别	□个人任务　□团队任务
个人姓名		班级		团队成员

复盘：总结本次任务的完成情况，掌握了哪些知识和技能、锻炼了哪些能力、体验了哪方面的生涯规划

个人成绩评价指标		自我评价 30%	组内互评 30%	教师评价 40%
知识点掌握（30 分）	能力的概念（10 分）			
	能力与职业发展的关系（10 分）			
	能力的分类（10 分）			
知识点践行（10 分）	按时完成布置的实践活动（10 分）			
素质（20 分）	进取与奋斗（10 分）			
	压力与担当（10 分）			
能力（30 分）	处事能力、控制能力、及时发现问题能力（10 分）			
	灵活性、信息沟通能力、决策或辅助决策能力（10 分）			
	社交能力（10 分）			
知识成果（10 分）	成果展示（10 分）			
得分				
总得分				

任务1　掌握8个大类，清晰理解职业
任务2　践行1条黄金准则，成就职场典范
任务3　分析多条职业路径，择业不再迷茫
任务4　完成1次分析，做出最佳抉择

项目三

择业定位与职业规划

任务 1　掌握 8 个大类，清晰理解职业

01 知识目标

- 理解职业的概念、基本特征及其功能。
- 了解职业认知方法及职业发展动向。
- 掌握职业的构成要素和分类。

02 能力目标

- 能对自己的专业进行准确的剖析。
- 能增进职业进取精神并做好自我职业设计。

03 生涯故事

小张的职业准备

大二学生小张想在某 AI 企业从事海外市场产品经理的职位，经过对市场的调研，他了解到这类型职位的要求是：掌握产品研发、营销、运营等基础理论知识；具备计算机操作能力、英语口语交际能力；同时需要一定的企业销售或实习的实践经验。

于是，小张在他剩余的大学时间里，着手培养相关职业素质，考取英语六级和计算机二级证书，掌握 AI 系统理论知识，进入一些名企实习积累经验，参加社团活动培养自己的组织能力和沟通能力等。等到毕业的时候，他如愿地进入该企业从事他所期望的职位，实现“人职匹配”。

目前，科技的高速发展使工作专精化。如果对工作世界未有明确认知，将无法了解工作的意义，对未来工作更加无从选择。职业认知是生涯发展的首要任务，大学生应认识与试探各种职业工作，培养从事相关职业工作的基本能力；根据个人兴趣与能力，完善职业所需的知识与技术，使个人素质适应于工作世界。

04 生涯实践

○ 活动一：职业博览会

在活动中，我们将深入剖析职业世界，引导大家一起探索适合自己的职业，掌握一定的探索策略与方法，并了解职业信息的来源渠道，学会充分利用周围的可用资源，

搜集职业信息。

通过“职业资料发布”，激发学生的发散思维，扩宽学生对职业世界认识的视野，引导学生检索职业信息，并将职业信息分类。

活动步骤：

1. 学习知识链接里的职业和专业理论知识；

2. 将全班同学分成若干组，每组选定一个与本专业比较接近的具体职业或者行业（小组之间所选定的职业或行业不能重复）；

3. 搜集职业资料，内容包括：需要掌握什么样的理论知识、考取哪些证书、需要具备怎样的实践经验、工作内容是什么、薪资待遇怎样等，将搜集到的职业资料填入表 3－1；

表 3－1 职业资料发布

<table>
<tr><td>班级</td><td colspan="2"></td><td colspan="2">小组成员</td><td></td></tr>
<tr><td rowspan="2">职业名称</td><td colspan="3">职业要求</td><td rowspan="2">工作内容</td><td rowspan="2">薪资待遇</td></tr>
<tr><td>理论知识</td><td>证书</td><td>实践经验</td></tr>
<tr><td></td><td></td><td></td><td></td><td></td><td></td></tr>
<tr><td></td><td></td><td></td><td></td><td></td><td></td></tr>
</table>

4. 每组选 1 人进行 3 分钟左右的“职业资料发布”讲解；

5. 活动时长：15 分钟。

活动二：实践思考

活动步骤：

1. 根据活动一，思考下列问题，完成表 3－2；

2. 活动时长：5 分钟。

表3-2 实践思考

序号	思考内容	思考结果
1	如何才能搜集到正确、完整的职业资料？都有哪些搜集职业信息的渠道？	
2	各组介绍的职业中，哪个或者哪些吸引你？理由是什么？	

05 知识链接

一、职业的概念

职业是指人们从事相对稳定的、有收入的、专门类别的社会劳动，是一个人社会地位的一般性表现，也是一个人的权利、义务和职责，更是谋生的手段。稳定和有合法的收入是职业活动区别于其他社会活动的主要特点。

微课3-1 正确认识职业

二、职业的特征和功能

（一）职业的特征

1. 职业的同一性

在某一类别的职业内部，其劳动条件、工作对象、生产工具、操作内容等都是相同或相近的。由于环境的同一，人们就会形成同一的行为模式，有共同的语言习惯和行为规范。因此，形成了诸如行业工人、行业联合体等社会组织。不同职业之间也存在着一定的同一性，如岗位的基本固定、工作时间的基本固定、按劳动获得报酬等方面基本是同一的。

2. 职业的差异性

不同职业之间存在着巨大的差异，并且随着职业的相近性减小而逐步扩大，包括职业活动的内容、目标、个人行为模式、道德规范等。随着科技的进步，一些新的职业也会应运而生，各种职业之间的差异也会不断地变化。

3. 职业的层次性

在社会众多的职业类型中，可以区分为不同的层次；在同一职业内部，也存在着不同的管理层次，这是职业分工导致的必然结果。虽然从社会需要的角度来看，职业没有高低贵贱之分，但是在现实生活中，由于对从事职业的素质要求不同，以及人们对职业的看法或评价不同，职业便有了层次之分。这种差异本身不以人的意志为转移，从而决定了人们对职业层次的认识。

4. 职业的基础性

职业是个人与社会存在和发展的基础。通过人们的职业活动，社会获得了生存和发展的物质基础和精神引导，通过职业角色、行业规范、社会法规等维持社会的稳定和正常运行。

5. 职业的广泛性

职业问题涉及社会的大多数成员，也涉及社会的各个领域，如经济、政治、心理、教育、科学技术、伦理等许多方面，因此具有广泛性。

6. 职业的时代性

职业的时代性一般指两个方面：一是职业随着时代的发展而变化，一些过时的职业会被淘汰，一些新的职业也会产生；二是在每一个时代，社会职业都有自己的“时尚”代表，表现为人们热衷和向往的职业，如我国曾一度出现的“参军热”“公务员热”“考研热”“下海热”等。

（二）职业的功能

职业的功能是指职业活动与职业角色对人和社会的作用与影响。

1. 职业影响个人及其家庭的生活状况和社会地位

职业是个人获得经济收入的来源，是个人维持家庭生活的手段，不同职业、职位给就业者带来的经济收入也不尽相同。同时，不同的职业也体现了不同的社会地位、社会权力和社会声望。

2. 职业能促进个性的发展和提高

职业是促进个性发展的手段，当个人从事的职业能使个人的特长、兴趣得到充分发挥时，也就促进了个性的充分发展。不同的职业要求掌握不同的知识和技术，遵守一定的规则、章程和职业道德，从而影响职业角色的行动方式、处事原则和态度。

职业对个体能力的提高也起着至关重要的作用。一个人的能力是在遗传素质的基础上，在一定的社会环境里，通过社会实践而形成和发展起来的。

3. 职业可推动人类社会的发展

人类社会由教育、经济、政治和科技等多方面构成。每种职业都对人类社会的发展起到了积极的促进作用。在当今社会，每一项主要的工作、每一种重要的劳动以及社会活动，都有与之相应的职业，正因为如此，职业不仅仅是个人发展的主要方式，而且还是为人类、为社会做出贡献的重要方式。

三、职业的构成要素和分类

（一）职业的构成要素

职业是由特定的劳动岗位、劳动职责、职业技能这三个元素构成的。在选择职业的时候，必须清楚自己是否符合该职业的三个元素的要求，这样才能选择到最适合自己的职业。

（二）职业的分类

职业分类是指按一定的规则和标准，把一般特征及本质特征相同或相似的社会职业，分成并归纳到一定类别系统的过程。它是以工作性质的同一性为基本原则，对社会职业进行的系统划分与归类。工作性质是一种职业区别于另一种职业的根本属性，一般通过职业活动的对象、从业方式等予以体现。

1995 年原劳动部、原国家质量技术监督局、国家统计局牵头启动国家职业分类大典编制工作，于 1999 年颁布了我国第一部国家职业分类大典，填补了我国职业分类工作的空白，标志着适应我国国情的国家职业分类体系基本建立。

随着经济社会发展、科学技术进步和产业结构调整，社会职业构成和内涵发生较大变化，2010 年底启动国家职业分类大典的第一次修订工作，历时 5 年，颁布了 2015 年版《中华人民共和国职业分类大典》。

为了适应当前职业领域的新变化，更好地满足优化人力资源开发管理、促进就业创业、推动国民经济结构调整和产业转型升级等需要，国家职业分类大典的第二次修订工作于 2021 年 4 月启动。2022 年 7 月，《中华人民共和国职业分类大典（2022 年版）》终审通过，修订工作圆满完成。

在 2022 年版修订过程中，围绕制造强国、数字中国、绿色经济、依法治国、乡村振兴等国家重点战略，把新颁布的 74 个职业纳入到大典当中。比如围绕制造强国，把工业机器人系统操作员和工业机器人系统运维员纳入大典当中；根据乡村振兴的需要，把农业数字化技术员和农业经理人纳入大典当中。

经过这些调整之后，与 2015 版大典相比，在保持八大类不变的情况下，净增了 158 个新的职业，现在职业数达到了 1639 个。

《中华人民共和国职业分类大典（2022 年版）》把我国职业划分为由大到小、由粗到细的四个层次：大类（8 个）、中类（66 个）、小类（413 个）、细类（1838 个）。细类为最小类别，亦即职业，见表 3 – 3。

表3-3　中华人民共和国职业分类（2022年版）

职业分类	大类总称	中类	小类	细类
第一大类	国家机关、党群组织、企业、事业单位负责人	5个	16个	25个
第二大类	专业技术人员	14个	115个	379个
第三大类	办事人员和有关人员	4个	12个	45个
第四大类	商业、服务业人员	8个	43个	147个
第五大类	农、林、牧、渔、水利业生产人员	6个	30个	121个
第六大类	生产、运输设备操作人员及有关人员	27个	195个	1119个
第七大类	军人	1个	1个	1个
第八大类	不便分类的其他从业人员	1个	1个	1个

四、职业资格

（一）什么是职业资格证书制度

职业资格是指对将要从事某职业的劳动者所必备的学识、技术和能力的基本要求。职业资格包括从业资格和执业资格。

从业资格是指从事某一专业（工种）的学识、技术和能力的起点标准，也是基本的标准或最低要求。

执业资格是指国家对某些责任较大，社会通用性强，关系国家、社会公共利益的专业（工种）实行准入控制，是依法独立开业或者从事某特定专业（工种）学识、技术和能力的必备标准。

职业资格证书是国家给达到职业资格规定的必备的学识、技术和能力的劳动者发放的证明。要获得职业资格证书，必须经过考试、考核。

我国从1994年开始实施职业资格证书制度。所谓职业资格证书制度，就是指国家对劳动者取得什么证书、怎样取得证书、证书的作用等一系列问题所做的规定而形成的制度。

目前，我国的职业资格证书分别由人力资源和社会保障部及其委托的机构，通过学历认定、资格考试、专家评定、职业技能鉴定等方式进行评价，对合格者授予国家职业资格证书。职业资格证书是求职、任职、独立开业和用人单位录用的主要依据。

（二）职业资格证书对劳动者的意义

1. 职业资格证书是求职就业的必备条件

职业资格证书是劳动者求职、任职、开业的资格凭证，是用人单位招聘、录用劳动者的主要依据，是境外就业、对外劳务合作人员办理技能水平公证的有效证件，也是用人单位劳动工资管理的重要依据。

在现代社会，具有全面素质和综合职业能力是人们从事职业活动并得以生存和发展的前提条件。在人才市场上，各类职业资格证书是证明人们具备这些条件的有效证件，也是胜任岗位职责的标志。例如：当人们在宾馆、饭店求职时，必须有秘书证、面点师证、餐厅服务员证等；如果要到企事业单位当电工，必须有电工证。这些是人们通向人才市场大门的“入场券”，如果没有职业资格证书，便难以证明其所具备的职业能力。

2. 职业资格证书是增强择业竞争能力的重要手段

在社会主义市场经济条件下，“双向选择，竞争上岗”已成为就业的必然趋势。在就业市场上，不仅要有学历证书，还要有多个职业资格证书。有了这些证书，在职业选择过程中就会有优势，而且选择职业的范围也较广。如果拥有多种职业资格证书，不仅能提高职业选择的竞争力，还有利于提高就业后的职业转换能力和相关待遇。

（三）职业技能鉴定

职业技能鉴定不是一个简单的考试活动，而是一个与现代社会劳动分工体系、现代劳动力市场体系、现代企业制度密切相关的，集考试学、心理学、测量学、信息学、行为学等多学科为一体的综合系统工程。

我国的职业技能鉴定有以下特征：

1. 在制度体系上，属于国家证书制度；
2. 在认证方式上，采用国际通行的第三方认证的现代认证方式；
3. 在考试性质上，属于标准参照性考试；
4. 在鉴定内容上，主要以职业活动本身为导向决定其考核内容。

职业技能鉴定是由有资质的评价组织对劳动者从事某种职业所应掌握的技术理论知识和实际操作能力做出客观的测量和评价，是国家职业资格证书制度的重要组成部分。

职业技能鉴定分为5个级别：初级、中级、高级、技师和高级技师，如图3-1所示。

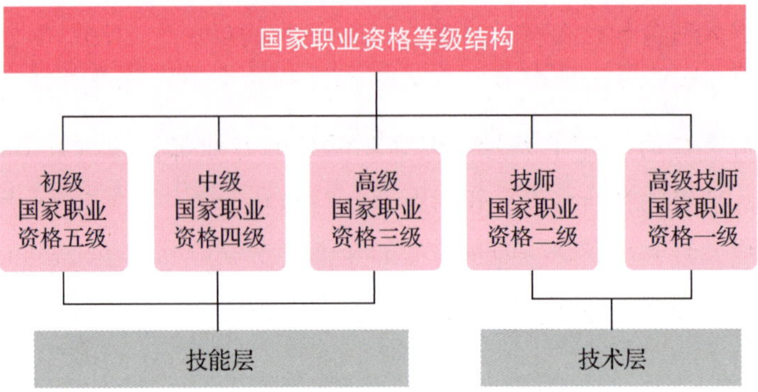

图3-1 职业技能鉴定的5个级别

申报职业技能鉴定，首先要根据所申报职业的资格条件，确定自己申报鉴定的等级。如果需要培训，要到经政府有关部门批准的培训机构参加培训。职业技能鉴定的方式分为知识要求考试和操作技能考核两部分。知识要求考试一般采用笔试形式，操作技能考核一般采用现场操作加工典型工件、生产作业项目、模拟操作等方式进行。经鉴定合格者，由有资质的评价组织按照人力资源和社会保障部提供的证书参考样式制作并颁发职业技能等级证书。

五、专业与职业

（一）专业的内涵

高职院校的专业是集教、学、研、训等活动于一体的基本单位，它根据社会职业分工需要，确定人才培养的目标、规格和质量，通过整合学科资源和社会资源，深化课程及培养模式改革，优化专业结构，加强校企合作，有效开展专门知识、技能以及行业道德规范的活动。

高职院校与本科院校在专业设置上有很大的差别，本科专业主要是以学科分类为标准来设置，而高职专业主要是以地区、行业经济和社会发展的需要为标准设置的。

人才与职业分类是高职专业设置的基础。高职院校按照技术领域和职业岗位（群）的实际需要来设置和调整专业，由承办学校自行确定，报地方教育行政部门备案。专业口径可宽可窄，宽窄并存。

（二）正确看待专业

不少同学对高职的专业不甚了解，在填报高考志愿时有很大的盲目性，进入大学后才发现，所选择的专业与自己想象的有很大差别。

微课 3－2　正确看待专业

应该怎样看待专业呢？

1. 专业没有好坏之分，只有是否适合自己

比如，有的人适合学社会科学，有的人适合学自然科学，有的人适合学艺术，有的人适合学工程，这种差别的确是存在的。尽管从行业来说，不同专业的出路不一样，就业后经济效益上会有一定的差异，但高职学校的专业都是根据社会需要而设置的。每个行业都有其特有的社会资源，正所谓“行行出状元”。有的专业虽然没有引导时代潮流，却属于核心技术或是社会对该专业人才需求量大，这样的专业同样是有前途的。所以，在对待专业选择上，我们要把眼光放远，不能急功近利。

2. 专业“热门”与“冷门”只是相对的概念

衡量一个专业是不是“热门”，最主要的应该看社会对它的需求程度，看用人单位

对该专业人才是不是欢迎。没有永远的“热门”，也没有永远的“冷门”。如果某个专业长期缺乏人才，或许有可能成为将来的“热门”；如果某些专业大家都来学，未来反而可能成为“冷门”。高职学生不仅要清楚地认识人才市场需求的变化规律，更要了解和掌握自身特点、兴趣、需求等，不要因为功利因素而放弃自己的职业规划和人生理想。

3. 认清专业学习的重要性

高职院校学生的成长、成才都是通过专业学习来实现的。因此，认真进行专业学习，积极完成学业，对高职学生来说具有重要的意义。具有扎实的专业知识和技能是就业的基本条件。如果没有掌握专业的知识技能，不具备岗位所需的本领，那么就无法履行相应的岗位职业，也就无法适应社会的需求，无法在激烈的竞争中立足。

（三）专业学习对职业的影响

每年的毕业生中，都有相当一部分的同学面临“先就业后择业”还是“必须专业对口”的两难选择。也有一部分同学因为当初盲目地填报志愿，导致上大学后发现所学专业并非自己理想的专业。还有一部分同学在大学的学习过程中不知道如何处理专业和学业及职业的关系，不能正确地将个人兴趣、性格、价值观与所学专业相结合，导致不能很好地进行职业规划。

1. 大学的专业学习是获得相应专业知识技能的最有效途径

专业知识技能是指通过学习专业课程来获取相应的专业知识和能力。专业知识技能是不可迁移技能，需要经过有意识的、专门的学习才能掌握。现代社会职业发展对专业知识技能的要求越来越高，要求员工所掌握的专业知识技能具有系统性、完整性和前瞻性。大学系统的专业学习为职业发展对专业知识技能的需求提供了保障。

2. 大学的专业学习能够帮助大学生科学地确定自己职业发展的目标

大学的专业学习是一个循序渐进的过程，也是帮助学生逐渐转变成职业人、社会人的关键过程。大学生要通过专业知识的学习，积累自己的专业技能，开阔自己的眼界，提升自我的综合素质，确定自己合理的职业发展目标，成为一名合格的职业者。学好专业知识、合理规划大学生活是理性、科学地进行职业规划的重要组成部分。

3. 大学生通过对专业的学习，掌握学习的方法和技巧，树立终生学习的理念

自我管理、自我学习、树立终生学习的理念为职业发展对员工专业知识技能需求的更新提供了可持续发展的动力；同时职业发展要求员工学会学习、学会做事、学会合作、学会发展，从而实现自己的发展目标。

（四）专业与职业的错误观点

关于职业、专业有两种观点需要纠正。

一种观点认为专业不重要。大学主要是对综合素质和学习能力的培养，所以专业的选择对个人发展并无太大的影响，只要综合素质强，随便选择什么专业，最后都可以成功。

另一种错误观点则是认为只要选择了好专业，将来能投身于热门行业，也就别无所求了，于是失去了奋斗目标和人生理想，整日沉湎于琐碎而庸俗的现实生活中，随波逐流，这类人终将无法实现自身的职业理想和人生理想。

（五）专业与职业的对应关系

如果说职业理想和就业目标是目的地，那么专业选择就是路线的主要内容。我们知道，不同的职业需要不同的知识、技能及德、体条件，而不同的知识和技能则是专业的主要内容。从经济和效率的角度来看，我们所选择的专业当然应该是职业目标所需要的知识和技能。然而从学（专）业与职业的相关性来讲，它们并不是一一对应的关系，而是呈现出一对一、一对多、多对一等非常复杂的相关关系。接下来，我们具体讨论这三种情况的专业选择。

1. 一对一

这种情况最为简单，一个专业方向对应一个职业目标。这类专业一般都存在于中职类学校或高职学院，其培养目标单一明确，所对应的职业的技术含量比较高，也比较单一。它属于学业规划中比较主动的一种态势，可以让我们先定目标，后选路线，在各种路线中选择最佳的一条，这类专业和职业一般都适合于专业技术人员。

2. 一对多

这类专业一般在普通高校中都存在，人们常说的宽口径、厚基础就是指这类专业。它们所对应的职业目标有多个，从职业的人格特征来看，许多都对应了两种以上甚至6种人格类型的职业。我们在确定了专业方向后，还要确定适合自己发展的职业目标，这里要注意的是，确定职业目标时一定要和自己的职业人格一致，比如，你属于管理型的人格，你就要选择管理型人格的职业，如企业管理者，并根据具体职业目标的标准要求来针对性地学习和开发其他必要的知识和技能。再比如，当你确定了自己毕业后要从事新闻记者这一职业，那么在学习经济学知识的同时，还要有针对性地学习新闻记者所需要的其他知识和技能，比如写作能力、社交能力、新闻敏感度的培养等。此种类型适合于在学业规划时先确定专业后确定职业目标的情形。应该说，先定专业再定职业目标是一种比较被动的人生发展态势。然而由于这一类型的存在，它可以让学生比较顺利地由被动转化为主动。因此，作为大学新生，一定要抓住这一关键时机，从被动走向主动，不让自己的人生发展陷于更大的被动。

3. 多对一

这是多种专业都可以发展到某一种职业的情形。这类职业一般属于管理型人格的职业。比如新闻记者、政府公务员、营销主管、企业管理等。这种类型也适合于先确定职业目标后确定专业方向的情形。它其实和第一种比较类似，在学业规划时处于比较主动的态势，能够比较好地找到一条最佳的学业路线。

以上内容从宏观上论述了专业与职业之间的对应关系，但我们在选择专业时还要了解专业与职业之间具体的对应关系，比如某个专业毕业后能做哪些工作，这些工作有什么优缺点，职业前景如何等。

06 生涯分享

“厅级”辅导员曲建武：一件事，一辈子

“我这辈子就干了一件事——学生工作，我要在学生思想政治教育这片原野上划上我人生的句号!”

大连海事大学公共管理与人文学院教师曲建武，从辅导员工作起步，又从正厅级岗位辞职重新当上辅导员，一辈子没有离开学生工作。

他说：“一生即便一无所有，有了学生便有了一切!”

曲建武从辅导员做起，先后担任过系党总支书记、学生处长、校党委副书记、省高校工委副书记、兼任副厅长等多个职务，直至正厅级干部，从未离开过学生工作，但辅导员情结却一直保留了下来。

别人也许惋惜曲建武放弃了行政级别，他却说，辞职使他弥补了完整带一届学生的遗憾。

曲建武说，做好大学生思想政治教育工作是一项功在当代、利在千秋的事业。他说：“学生是什么？学生就是你生命的延续。你想不朽吗？那就拥抱你的学生吧!”

辅导员工作并不起眼，但在曲建武眼里，这个工作太重要了。曲建武认为，好的辅导员可以帮学生把握人生成长的方向，“知识可以弥补，但如果灵魂朽掉了，几乎无法弥补。”

“一生即便一无所有，有了学生便有了一切!”他说。

点评：

一件事，一辈子。曲建武始终心怀为党的事业奋斗的坚定信念和为学生服务的宗旨，倾心倾力投身到他所钟爱的人民教育事业。他不忘初心，立德树人，以丰富的经

验身体力行贯彻党的教育方针。在教学中主动承担本科生思想道德修养与法律基础课的教学任务，将培育学生社会主义核心价值观贯穿教学全过程，将中华优秀传统文化融入教学活动，课上与课下、网上与网下相结合，使思想政治教育工作润物无声、入脑入心。他潜心钻研，敬业进取，以学研结合的方式深入探求思想政治工作的规律，开通微信、博客，坚持为公众答疑解惑，成为全国高校思想政治教育工作领军人物和权威专家。他爱生如子，无私奉献，以家庭般的温暖悉心呵护学生成长。他倡导并出资建立爱心基金，经常深入宿舍和学生家中，帮助解决学习生活和成长中遇到的各种困难，用长者的温情和师者的深情引领学生在爱国奋斗、服务人民中成长成才、建功立业。他用自己的一生践行“辅导员”这个光荣的职业。

复盘评价				
任务名称	掌握 8 个大类，清晰理解职业		任务类别	□个人任务　□团队任务
个人姓名		班级		团队成员

复盘：总结本次任务的完成情况，掌握了哪些知识和技能、锻炼了哪些能力、体验了哪方面的生涯规划

个人成绩评价指标		自我评价 30%	组内互评 30%	教师评价 40%
知识点掌握（30 分）	职业的概念（10 分）			
	职业的构成要素（10 分）			
	职业的构成分类（10 分）			
知识点践行（10 分）	按时完成布置的实践活动（10 分）			
素质（20 分）	进取与奋斗（10 分）			
	压力与担当（10 分）			
能力（30 分）	处事能力、控制能力、及时发现问题能力（10 分）			
	灵活性、信息沟通能力、决策或辅助决策能力（10 分）			
	社交能力（10 分）			
知识成果（10 分）	成果展示（10 分）			
得分				
总得分				

任务 2　践行 1 条黄金准则，成就职场典范

01 知识目标

- 理解工匠精神和劳模精神的内涵。
- 了解工匠精神、劳模精神在职业能力中的重要作用。
- 掌握践行工匠精神的方法。

02 能力目标

- 能结合专业学习，提升职业素养。

03 生涯故事

奋斗是青春最亮眼的底色

晏斌，中共党员，湖南某高职院校数控 0602 班毕业生，现任职株洲九方装备股份有限公司设备基建部，2019 年“全国五一劳动奖章”获得者，曾获湖南省劳动模范、省“五一劳动奖章”、省“技术能手”等诸多荣誉。2009 年 7 月参加工作的他，用 10 年的努力和拼搏，走出一条坚毅不凡的匠心筑梦之路。

晏斌是湖南娄底新化人，父母一辈子在大山里务农，家庭经济条件拮据，山野林间的韧性造就了他肯吃苦的性格。在数控技术专业学习期间，晏斌热爱学习，踏实勤奋，虽然每个月只有不到 500 元的生活费，但他从不和同学攀比吃穿用度，除了学好专业知识，课余时间都泡在图书馆里。

毕业后一如既往地专注与勤奋，助力晏斌实现了一次又一次的超越，他是勤于钻研的“螺丝钉”、数控机床的“活地图”，也是班组建设的“领头羊”。通过传、帮、带，他培养了多名技师、高级技师。2016 年至 2018 年，晏斌所在的班组累计提出技术创新、改革成果、合理化建议超过 160 项，班组多次获得公司“红旗班组”称号。

从懵懂的“山里娃”到“全国五一劳动奖章”获得者，晏斌用技能点亮人生，用匠心成就梦想，用奋斗的青春书写着无悔的人生。“玉不琢，不成器”，“工匠精神”是一种精益求精、精雕细琢、追求完美和极致的精神理念。“劳模精神”是爱岗敬业、争创一流、艰苦奋斗、勇于创新、淡泊名利、甘于奉献的精神理念。这两种精神就是我们的职场典范，不要满足于普普通通的工作表现，要做就要做企业里不可或缺的人物。“超越平庸，选择完善”，这是值得我们每个人一生追求的格言。

04 生涯实践

活动：寻找我们心中的职业典范

中国历史上各种工匠人才辈出。技艺精湛的鲁班、“游刃有余”的庖丁一直都是工匠的代表。在新的时代，我们心中的职业典范又是什么样的？

活动步骤：

1. 学习知识链接中的工匠精神理论知识，进行小组讨论；
2. 选择讨论的职业方向，如医生、科学家、工人等，并确定要讨论的职业典范人物；
3. 通过互联网搜索所选的职业典范人物的简介与典型事例；
4. 谈谈选择这位职业典范人物的原因和自己了解职业典范人物事迹后的感想；
5. 讨论后将讨论结果记录在表 3 -4，每组选一名小组成员发表讨论结果；
6. 活动时长：15 分钟。

表 3 -4 寻找我们心中的职业典范

班级		小组成员	
讨论内容		讨论结果	
职业方向及所选人物			
职业典范人物简介与经典事例			
选择这位职业典范人物的原因			
了解职业典范人物事迹后的感想			
成为时代工匠典范要有哪些职业素养			

05 知识链接

微课3-3 工匠精神

一、职业典范中的大国工匠

“于国，工匠是重器；于家，工匠是栋梁；于人，工匠是楷模。”

党的十八大以来，习近平总书记多次强调要弘扬工匠精神。党的十九大报告提出要“弘扬劳模精神和工匠精神”。党的十九届四中全会提出要“弘扬科学精神和工匠精神”。中共中央、国务院印发的《新时期产业工人队伍建设改革方案》也提出“用正确的世界观、人生观、价值观引领产业工人，大力弘扬劳模精神、劳动精神、工匠精神”。

2015年起，央视纪录片《大国工匠》介绍了许多拥有顶尖技艺的一线技术工人。

2016年3月，“工匠精神”首次出现在政府工作报告中，“鼓励企业开展个性化定制、柔性化生产，培育精益求精的工匠精神，增品种、提品质、创品牌”。党的十九大报告指出，要“营造劳动光荣的社会风尚和精益求精的敬业风气”。

（一）工匠精神的内涵

工匠精神，是一种职业精神，它是职业道德、职业能力、职业品质的体现，是从业者的一种职业价值取向和行为表现。工匠精神是指工匠对自己的产品精雕细琢、精益求精的精神理念，是工匠在生产实践中凝聚形成的务实严谨、专注专一的可贵品质。工匠精神的基本内涵包括敬业、精益、专注、创新等方面的内容，具体内容见表3-5。

表3-5 工匠精神的内涵

内涵	具体内容
敬业	从业者基于对职业的敬畏和热爱而产生的一种全身心投入的认认真真、尽职尽责的职业精神状态
精益	精益就是精益求精，是从业者对每件产品、每道工序都凝神聚力、精益求精、追求极致的职业品质
专注	专注就是内心笃定而着眼于细节的耐心、执着、坚持的精神，这是“大国工匠”所必须具备的精神特质
创新	“工匠精神”还包括追求突破、追求革新的创新内蕴

（二）如何结合专业学习、岗位工作践行工匠精神

工作熟练无误，仅以为“工”，而未成“匠”；由表及里、精益求精乃为“工匠”。想要成为“工匠”，最重要的一点就是要热爱专业，将满腔的热忱投入到专业学习和实践当中，在实践中实现自己的人生价值，不断学习，不断进步。下面结合专业学习、

岗位工作对践行工匠精神给出了几点建议。

1. 先做人，后做事

要改变三种思维：交差思维、差不多思维和走捷径思维。做人是做事的开始，做事是做人的结果。人生的成功 = 价值观 × 人品 × 能力。其中，价值观是“发动机”，人品是“方向盘”，能力是“燃料”。

2. 先专注，后专业

人这一生，如果用 1% 的力气去选择，99% 的力气用心重复，每次都能感受到新鲜的力量；如果用 99% 的力气选择，1% 的力气重复，就会不断地失败。简单的事情重复做，你就是专家；重复的事情用心做，你就是赢家。

3. 先增值，后回报

财富是每个人都希望拥有的，但一个人只有明白了财富必须通过自己的努力才能获得这个道理，才能真正拥有财富。能够帮助你一辈子获得并保有财富的东西，只能是你个人的能力。

如果把企业比作火炉，员工的劳动能力就如同木柴，而获得的回报就如同木柴燃烧后产生的热量。木柴需要放在火炉里才能燃烧得更好，就像员工只有在企业里才能展现自己的能力。

在工作中，若想增值就需要做到：把领导当作老师，把岗位看作舞台，把任务当成作品。

4. 先沉淀，后成才

不是每个人都可以幸运地做自己喜欢的工作，但一个渴望成功的人，会在任何工作中找到成才的机会。很多时候，人们之所以懒散、逃避、得过且过，是因为手头上的工作看上去并不能带来人生的希望和意义，以及证明自己想要的价值，却忘了自己需要的，只是一个宁静的心情和善于沉淀的工作态度。

沉淀心态的养成，首先要有自信的心态，信任自己、信任工作，真正把工作的过程当作人生经验的积累；其次要有成熟的心态，要时刻想到如果将来取得更大成就时，应该拥有什么样的素质，并不断用这样的标准要求自己；最后要有求知的心态，一个懂得沉淀的求知者，对待学习的态度是不论以后是否从事这个行业，都要在工作过程中学到对自己有利的东西。一个真正想成才的人，不会只关心如何用一个眼前的结果去换取直接的利益，而会考虑整个过程带来的收益。

5. 先有为，后有位

先有为，后有位，是一种双赢原则的体现，即你有了作为，为组织做出了贡献，组织就会给你更好的位置，让你施展才能。成功者的成绩、地位不是凭空喊出来的，也不是上天恩赐的，而是靠脚踏实地干出来的。从有为到有位，重要的是保持一颗平常心，不论你以前从事过什么职业，或者家庭背景如何，都要意识到每天都是从零开始的积累与收获。

工匠精神不是一朝一夕的慷慨激情，而是长年累月的坚守。在平凡的岗位上，始终保持初心，且心无旁骛，锲而不舍，这才是真正的“工匠精神”。

二、职业典范中的劳动模范

（一）劳模精神的内涵

劳模精神，是指“爱岗敬业、争创一流、艰苦奋斗、勇于创新、淡泊名利、甘于奉献”的劳动模范精神。24 字劳模精神在任何时候都需要，都不过时。

（二）如何“立足岗位，弘扬劳模精神”

个人成长与事业、行业、组织息息相关，要做到进一行、爱一行，要充分感受到平台的作用，并且要时刻怀有一颗感恩的心，可以从政治、业务、精神、法治四个方面做到“立足岗位，弘扬劳模精神”，具体做法如图 3－2 所示。

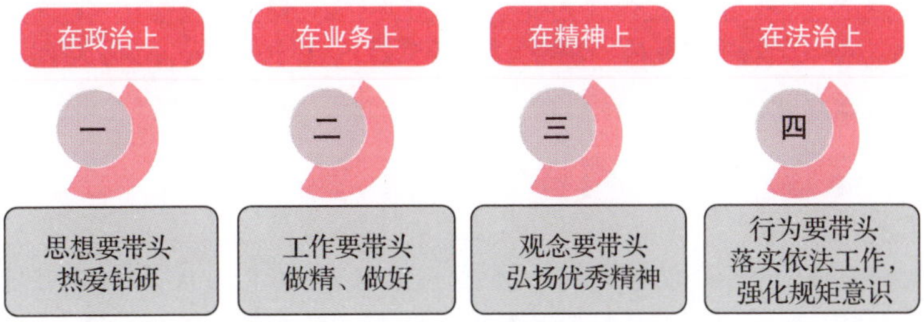

图 3－2　立足岗位，弘扬劳模精神

劳模精神折射出一个时代的人文精神，反映出一个民族在某一个时代的人生价值和道德取向，全国各行各业不断涌现出“不怕苦、不怕累、讲奉献、比贡献”的时代英雄，我们身边也有默默无闻奉献自己光和热的劳动模范，这些人都是我们学习的榜样，让我们走进他们，对身边劳模进行访谈，和他们一起工作，一起成长。

06 生涯分享

“匠心”书写人生传奇（节选）

——记全国劳动模范邹彬

邹彬，男，湖南新化人，汉族，1995 年 8 月生，2016 年加入中国建筑五局总承包公司，现任娄底宁邦项目职砌体质量管理员、“‘小砌匠’邹彬创新工作室”组长。他从一名跟着父母在工地打拼的泥瓦工，成长为第十三届全国人大代表、中国工会第十七次全国代表大会代表、湖南省直机关工会副主席（兼职）、中国建筑集团团委委员，2021 年 5 月，被共青团中央、全国青联授予第 25 届“中国青年五四奖章”。邹彬用实际行动诠释“工匠精神”，书写着属于自己的青春奋斗故事。

卓越匠心：一把泥刀“砌”上世界大舞台

邹彬出生在湖南新化一个普通的农村家庭，初中没读完便开始了“打工”生涯。

……

2014 年 4 月，邹彬参加中建五局组织的“超英杯”砌筑技能比赛，并冲破层层关卡获得冠军。在随后的世界技能大赛中国区砌筑项目选拔赛中，邹彬从全国 21 支队伍的 150 名选手中脱颖而出，成功进入第 43 届世界技能大赛（中国）砌筑项目的集训队伍，开始了每天“魔鬼式”训练。

……

不忘初心：“95 后”暖心代表“为爱发声”

邹彬在第 43 届世界技能大赛获奖后，更加努力地苦练内功。后来他还牵头成立了“‘小砌匠’邹彬创新工作室”，他希望可以和其他工友们一起从事砌筑技术的创新与推广，帮助企业解决生产经营中的热点问题，报答企业的“知遇之恩”。

……

2018 年，他被推选为“全国人大代表”，3 月随团赴京履职，为新生代农民工发声，22 岁的他是全团年纪最小的，被称为“95 后人大代表”。两会期间，除了开会和接受采访，邹彬都在房间学习各种材料。

……

牢记使命：扎根一线书写青春奋斗故事

邹彬加入中建五局后，尤其是成为全国人大代表以来，认真学习习近平新时代中国特色社会主义思想，深入学习贯彻党的十九大精神，提升政治站位，增强“四个意识”，坚定“四个自信”，做到“两个维护”，不断提升自身政治能力，把自己的初心转化为奋斗实践。

……

点评：

邹彬曾是一名初中肄业的新生代农民工，他把砌筑作为一份事业来对待，凭着对事业的执着和工匠精神完成了一场人生逆袭，在第 43 届世界技能大赛中获得优胜奖，首开中国在砌筑项目拿奖先河。拿奖后，他始终不忘自己是从一名青年农民工成长起来的身份，发扬工匠精神，追求精湛技术，传授先进技能，带出一批又一批的“小邹彬”，一批又一批快乐而优秀的手艺人。作为一名“95 后”，他用自身经历诠释了行行都能出彩的道理。他坚持干一行、爱一行，成长为大国工匠，创造出了更加美好的未来，也为实现“中国梦”贡献了自己的青春力量。

复盘评价						
任务名称	践行1条黄金准则，成就职场典范			任务类别	□个人任务	□团队任务
个人姓名		班级		团队成员		

复盘：总结本次任务的完成情况，掌握了哪些知识和技能、锻炼了哪些能力、体验了哪方面的生涯规划

个人成绩评价指标		自我评价 30%	组内互评 30%	教师评价 40%
知识点掌握（30分）	大国工匠和劳动模范的概念（10分）			
	工匠精神、劳模精神在职业能力中的重要作用（10分）			
	践行工匠精神的方法（10分）			
知识点践行（10分）	按时完成布置的实践活动（10分）			
素质（20分）	进取与奋斗（10分）			
	压力与担当（10分）			
能力（30分）	处事能力、控制能力、及时发现问题能力（10分）			
	灵活性、信息沟通能力、决策或辅助决策能力（10分）			
	社交能力（10分）			
知识成果（10分）	成果展示（10分）			
得分				
总得分				

任务3　分析多条职业路径，择业不再迷茫

01 知识目标

- 了解毕业时可供选择的职业路径。
- 掌握就业、升学、创业、西部计划、参军的选择因素。

02 能力目标

- 能从四个方面分析自己适合的职业路径。
- 能明确目标职业路径应具备的职业技能。
- 能对照目标职业路径制定相应的提升计划。

03 生涯故事

小李的迷茫

会计系大三学生小李，性格开朗，爱好广泛，学习成绩好。平时小李目标明确，但他却在临近毕业时很迷茫，他想直接去企业从事电商工作，他爸爸希望他考公务员，妈妈希望他继续读书，学生会的学姐学长建议他参加西部计划锻炼自己。小李觉得每个人的建议都有道理，他想遵从自己内心，但是他又害怕，不知道自己的选择是对是错。

小李的经历相信大部分大三的同学都会有，人们常说“条条大路通罗马”，可是那么多条道路到底哪条是最近最好走的路呢？这就是实现目标中的路线选择问题，选择了捷径好路，就易于进入职业发展的快车道，否则就会耽搁在路上。如果没有一个适合自己的职业发展路线蓝图，就会走错路，走弯路，走回头路，导致人们的努力、动力、能力不能直接作用于目标，就会产生资源、时间、精力的浪费。因此，在职业确定之后，必须对职业生涯路线进行选择。

04 生涯实践

活动：职业路径选择平衡表

“职业路径选择平衡表”从四个方面对各选项进行判断，分别是个人物质方面的得失、个人精神方面的得失、他人物质方面的得失、他人精神方面的得失。

活动步骤：

1. 学习知识链接里的四个职业路径的相关理论知识；
2. 根据表3－6所示每一个职业决策考虑因素对自己的重要程度，选择利或弊，利

按“+1～+5”打分，弊按“-5～-1”打分，然后合计就业、升学、创业、参军的最后得分，填入表3-6中；

3. 根据每个职业路径的最后得分，得出目前比较适合自己的职业路径，分析目标职业路径需要掌握的主要技能、拟采取的提升计划，完成表3-6；

4. 活动时长：15分钟。

表3-6　职业路径选择平衡表

职业决策考虑因素		就业		升学		创业		参军	
		利（+）	弊（-）	利（+）	弊（-）	利（+）	弊（-）	利（+）	弊（-）
个人物质方面的得失	收入								
	实现的难易程度								
	环境的安全								
	休闲的时间								
	兴趣								
个人精神方面的得失	成就感								
	满足感								
	挑战性								
	创新性								
	自我实现								
他人物质方面的得失	家庭经济								
	家庭地位								
	社会资源								
他人精神方面的得失	与家人相处的时间								
	家人的期望								
	老师的期望								
	朋友的期望								
小计									
合计									
确定目标职业路径									
目标职业路径需要掌握的主要技能									
拟采取的提升计划									

05 知识链接

微课 3－4 就业路径的探索

一、就业路径探索

就业是大学生毕业后所选择的职业路径之一，是大学生走向独立的开始，能够帮助大学生获得经济收入，同时也是个体实现人生价值的路径。大学生经过三年的专业学习，通过职业规划，找到适合自己的职业，才能充分发挥自身的潜能，体现出自我价值。

我们在分析就业路径时，需要先对就业中遇到的各种情况进行信息分析，这不仅仅包括招聘信息和岗位信息，还包括反映整个就业市场的宏观信息，及特定职业的具体详细的信息，这些信息能够帮助我们全面客观地了解就业市场、就业形势，让我们在众多的路径中找到适合自己的选择。

主要就业途径如下。

（一）校内招聘

每年毕业之际，会有很多企业、公司到各大高校开展招聘活动，这种招聘具有针对性强、安全性高、求职成本低等优势。用人单位的这种颇为直接的校内招聘方式避免了院校之间、学生和有工作经验人员之间的竞争，提高了学生求职成功率。因此，校内招聘会是职业院校毕业生的有效求职途径。

（二）学校推荐

学校推荐就业即通过学校就业指导中心或校友会推荐就业，是职业院校求职的一个重要途径。这些校友会分布在全国甚至世界各地，从事着不同行业，会对毕业生就业提供无私的帮助和支持。一般学校会通过推荐信、校友会等方式向校友推荐毕业生。

（三）社会双选

每年相关部门都要组织多次大规模的综合性人才双选会，这些双选会的涉及面广泛，专业针对性不强，学生参加这种双选会的签约成功率不高。

（四）信息求职

互联网求职有很多优势。首先大学生可以足不出户就能寻找企业，投递简历，这在一定程度上减少了不少求职成本。而且现在大多数的大型企业都采用网络投递简历，筛选后再通知笔试和面试。据不完全统计，大学毕业生通过网络求职成功的概率约为 20%。其次，众多的高校毕业生可以通过网络上发布的招聘广告获得大量的企业征才、求才信息，由于其量多面广，使得毕业生有充分的选择余地和更多的选择机会。

（五） 人脉求职

大学生可以多联系同学、家长、朋友、亲戚咨询相关就业信息，多途径多人脉寻找就业岗位。

二、升学路径探索

“专升本”是大学专科（高职高专）学生进入本科学习的选拔考试的简称。随着国家大力发展应用型本科教育，专升本越来越受到社会的重视，专升本考生逐年增加。

（一）为什么要专升本

1）增加找工作、考研、留学的机会。许多单位（尤其是国家机关和事业单位）招聘时都要求应聘人员有本科或研究生以上学历。同时，有了本科学历、学士学位后，就可以直接报考全国统招研究生考试。

2）有利于个人工资定级和职称评定。如今各类职称评定大部分与学历挂钩，专科以下学历基本上没有机会。另外，国家机关和事业单位基本是按照学历定工资，本科工资比专科工资高一档。较规范的企业也是按学历定工资，而且拥有本科以上学历的人提升机会比专科学历的人相对多一些。

（二）专升本分类

专升本的方式大致分为统招全日制和非统招非全日制两种。

1. 统招全日制

普通高等学校的普通高等教育的专升本（普通全日制本科），考试对象仅限于各省和各直辖市的普通高等学校的普通全日制专科应届毕业生，毕业证书是普通高等学校毕业证书，只是上面会注明“专科起点本科学习”，有学位证书，属于普通高校全日制本科毕业生。

统招专升本考试的选拔工作各省各有不同，具体以当地教育部门文件为准。

扩展知识：免试“专升本”

为科学选拔人才，提升学历，帮助学生日后在就业和升学上能获得更多的优势，部分省市已扩大免试推荐录取范围。如湖南省就对以下两类学生实行免试“专升本”（文件详见《2021年湖南省普通高等教育“专升本”考试招生工作实施方案》）。

- 竞赛获奖

高职（专科）应届毕业生在校期间获得以下奖项的具有“专升本”免试推荐资格：世界技能大赛、中国技能大赛一类赛和全国职业院校技能大赛的一、二、三等奖；全省职业院校技能竞赛一等奖；中国国际“互联网＋”大学生创新创业大赛金奖、银奖。

- 退役军人

在部队服役期间荣立三等功及以上荣誉的高职（专科）应届毕业生或毕业当年应征入伍并于录取当年退役的高职（专科）毕业生。

2. 非统招非全日制

也称为高等学历继续教育，学制一般为2.5年，学费低，属于国家承认的国民教育序列，在工资、人事待遇、考研究生、考证、考公务员、考事业编、出国留学、职称评定以及其他方面与普通本科具有同等效力。

非统招非全日制专升本有四种形式：成人高考、自学考试、网络（远程）教育、开放教育。

- 成人高考也称函授本科，是每年社会上报考需求量最大的学历提升方式。
- 自学考试以省为单位制定招生专业、主考院校等，采取个人自学和社会助学的方式，一般有12～14科需要考核通过，这种教育形式不存在学籍的说法，因为是单科考核通过后，再持大专毕业证办理本科毕业证，所以很多大专在读生选择报考，部分高职大专院校内部也会给学生推荐，报考与否需学生自行判断。
- 网络（远程）教育是一种试点教育形式，学校都是“985”和“211”院校，费用与成人高考相比要高。
- 开放教育的学校只有国家开放大学，即原来的中央广播电视大学，随着网络的发展，开放教育在原基础上有了新的定位。

三、创业路径探索

2009年，国务院办公厅颁发的《国务院办公厅关于加强普通高等学校毕业生就业工作的通知》（国发办〔2009〕3号）指出：鼓励和支持高校毕业生自主创业，强化高校毕业生创业指导服务，提供政策咨询、项目开发、创业培训、创业孵化、小额贷款、开业指导、跟踪辅导一条龙服务。2015年《国务院办公厅关于深化高等学校创新创业教育改革的实施意见》提出若干举措，包括健全全国大学生创业服务网，建立地方、高校两级信息服务平台，为学生实时提供国家政策、市场动向等信息，并做好创业项目对接、知识产权交易等服务；要求各地区、各高校要建立健全学生创业指导服务专门机构，做到“机构、人员、场地、经费”四到位，对自主创业学生实行持续帮扶、全程指导、一站式服务。鼓励社会组织、公益团体、企事业单位和个人设立大学生创业风险基金，以多种形式向自主创业的大学生提供资金支持。

四、西部计划路径探索

（一）什么是西部计划

根据国务院常务会议和全国高校毕业生就业工作会议精神，从2003年起，团中央、教育部、财政部、人力资源和社会保障部联合实施大学生志愿服务西部计划，每年招募一定数量的普通高等学校应届毕业生或在读研究生，到西部基层开展为期1～3年的志愿服务。

（二）“西部计划”的服务内容

西部计划按照服务内容共分为乡村教育、服务乡村建设、健康乡村、基层青年工作、乡村社会治理、服务新疆、服务西藏7个专项。

五、参军路径探索

为进一步畅通大学生参军“绿色通道”，缓解大学毕业生就业压力，湖南省人民政府和省军区联合制定出台《激励大学生参军入伍若干措施》（湘政发〔2020〕10号文件），从政治荣誉、复学升学、服务管理、退役安置、经济优待、就业创业等9个方面出台37条优待措施，确保大学生参军政治上有荣誉、经济上有奖励、学业上有保障、就业上有出路，激励更多优秀大学生报名应征。

《激励大学生参军入伍若干措施》湘政发〔2020〕10号文件（节选）

……

（二）大学生士兵入伍资助补偿学费

1. 高校学生服义务兵役的，国家对其在校期间缴纳的学费实行一次性补偿或获得的国家助学贷款实行代偿。

2. 服义务兵役前正在高校就读的学生，服役期间按规定保留学籍或入学资格、退役后自愿复学或入学的，实行学费减免。学费补偿、国家助学贷款代偿和学费减免标准，本科和高职（专科）学生每生每年最高不超过8000元，研究生每生每年不超过12000元。

……

（五）退役大学生士兵复学

1. 针对退役大学生士兵再入学校、重拾学业等实际，在思想、心理、学业等方面加强帮扶，使其尽快融入校园、适应环境。

2. 符合条件的退役大学生士兵可优先参加优秀毕业生评选，不受指标限制。

3. 应征入伍服义务兵役前正在高校就读的学生（含新生），服役期间按国家有关规定保留学籍或入学资格，退役后2年内允许复学或入学，任何高校不得违规预收学费。

4. 退役大学生士兵复学，经学校同意并履行相关手续，可放宽专业限制转入本校其他专业学习。

（六）退役大学生士兵升学

1. 各高校将服兵役情况纳入“推荐优秀应届本科毕业生免试攻读硕士学位研究生”遴选指标体系，同等条件下优先推荐。

2. 退役大学生士兵在完成本科学业后3年内参加全国硕士研究生招生考试的，初试总分加10分，同等条件下优先录取。

3. 积极向教育部争取支持，扩大“退役大学生士兵”专项硕士研究生招生计划。

4. 在部队荣立二等功及以上的退役士兵，符合研究生报名条件的可免初试攻读硕士研究生。

5. 高职（专科）学生应征入伍服兵役退役，在完成学业后，从2022年起，可免试入读普通本科或成人本科。

……

（七）退役大学生士兵就业服务

1. 入伍大学毕业生退役后一年内，可视同当年的应届毕业生，享受应届毕业生录（聘）用同等政策，凭用人单位录（聘）用手续，向原就读高校再次申请办理就业报到手续、户档随迁。

2. 退役大学生士兵可参加户籍所在地省级毕业生就业指导机构、原毕业高校就业招聘会，享受就业信息、重点推荐、就业指导等就业服务。

3. 大学毕业生入伍前被机关、团体、企业事业单位录用或者聘用的，服役期间保留人事关系或者劳动关系，退役后可以选择复职复工。

……

（十二）专科生大一和大三毕业去当兵的区别

专科生大一和大三应征入伍，主要的区别有四点。

1. 应征入伍时，优先录取毕业生。

2. 入伍方式：大一只能走义务兵，大学毕业生可以走直招士官。

3. 晋升为士官时，大一转士官和普通高中生一样，没有优势，转士官是下士军衔，但是考士官学校有优势；大学毕业生有学历的优势，转士官直接是中士军衔。

4. 考军校有区别，大一去当兵，考军校的内容是高中的知识，竞争大；大三去当兵考军校的内容是大学的知识，竞争小。

06 生涯分享

你好，宋老师

2021 年 8 月 2 日，中共中央宣传部举行中外记者见面会，4 位退役军人和退役军人工作者党员代表围绕“老兵永远跟党走”这一主题与中外记者见面交流。

北京大学学生工作部专职辅导员宋玺，还有一个更广为人知的身份——女兵。她于 2012 年考入北京大学，2015 年入伍并以全优成绩加入中国人民解放军海军陆战队，所在的两栖侦察女兵中队是全军第一批女子侦察分队。“战场上只有战士，不分性别，为了能够成为真正的战士，我们经受了常人难以承受的考验，也培养出了特别能吃苦、特别能战斗、特别重团结的非凡素质。”宋玺说，报名参军是自己一生绝对正确又无怨无悔的选择。

2016 年 12 月，宋玺被列入中国人民解放军第二十五批赴亚丁湾护航编队，成为编队里唯一的一名女陆战队员。2017 年 4 月，在亚丁湾索马里海域，一艘图瓦卢籍的商船被海盗袭击，向海军陆战队发出求救信号。中国 16 名海军陆战队员迅速出击，经过 7 个多小时的舱室搜索，成功解救了 19 名人质。“因为我是女孩子，留在后方负责保障，但是当时我的心也非常焦灼不安，数着秒，盼着战友们回来，盼了整整一夜。”宋玺说，当看到被解救的叙利亚籍船员身披五星红旗大喊“Thank You，China”的时候，自己感到无比的自豪和骄傲。

2017 年年底，宋玺结束服役，重新回到北大。在顺利完成本科学业后，她选择继续攻读临床与健康心理学专业硕士研究生。

2018 年，宋玺被推选为征兵形象大使，在课余时间到全国多地进行征兵及国防教育宣讲，经常组织参加公益活动，鼓舞激励更多青年学子参军。她告诉在场记者，在很多人的努力下，全国大学生报名参军的人数从 2015 年的 80 万增加到 2020 年的 120 万。

“现在，我是一名专职辅导员老师，为青年学生的成长护航。六年来，我的身份不断转换，但初心不曾改变。自从穿上那身军装开始，指引我人生方向的唯一信念就是‘我是一个兵，永远是个兵’”，宋玺说。

点评：

宋玺表示，每一个人都是一份力量，既然现在国家给我们提供了一个好的平台，我们生活在这样一个好的时代，只要你的梦想是有利于人民、社会的，就应该勇敢地为之奋斗，不留遗憾。不负韶华、不负时代，选择最适合自己的职业路径，为国家发展献出自己的力量。

青春无限美好，逐梦正当其时。千千万万中国青年，在疫情防控中，他们冲锋在前；在脱贫攻坚路上，他们不畏艰难；在祖国边疆，他们舍生忘死；在奥运赛场，他们勇敢拼搏……每个人都有自己青春的色彩，宛如一道道星光，泱泱星河千万，只有融入祖国发展的"大时代"，才能找到属于自己的灿烂。

复盘评价			
任务名称	分析多条职业路径，择业不再迷茫	任务类别	□个人任务 □团队任务
个人姓名	班级		团队成员
复盘：总结本次任务的完成情况，掌握了哪些知识和技能、锻炼了哪些能力、体验了哪方面的生涯规划			

个人成绩评价指标		自我评价 30%	组内互评 30%	教师评价 40%
知识点掌握（30分）	毕业时可供选择的职业路径（15分）			
	就业、升学、创业、西部计划、参军的选择因素（15分）			
知识点践行（10分）	按时完成布置的实践活动（10分）			
素质（20分）	进取与奋斗（10分）			
	压力与担当（10分）			
能力（30分）	处事能力、控制能力、及时发现问题能力（10分）			
	灵活性、信息沟通能力、决策或辅助决策能力（10分）			
	社交能力（10分）			
知识成果（10分）	成果展示（10分）			
得分				
总得分				

任务4　完成1次分析，做出最佳抉择

01 知识目标

- 理解职业生涯决策的概念。
- 掌握 SWOT 分析中主要分析的四个方面。
- 掌握克朗伯兹生涯决策理论及分析方法。

02 能力目标

- 能用 SWOT 分析方法进行自我职业生涯分析。
- 能用克朗伯兹生涯决策方法进行自我职业生涯决策。

03 生涯故事

小张的职业生涯决策

某校电子商务专业学生小张大三时作为产品经理在深圳实习，实习期间表现优异，工作得心应手，毕业后小张想留在大城市打拼，但是远在老家的父母以小张是独生子、大城市房价高等为由，要求小张回到老家考取公务员或者事业单位。小张想遵循内心的想法，但是又怕父母伤心，面对未来的职业生涯，他不知道如何做出正确的决策。

生涯决策就是个人在多项可供选择的方案之间权衡利弊，选定最优方案，以达成职业生涯最大价值的过程。我们需要根据自己的职业生涯发展规划和实际情况，做好现阶段正确的、适合自己的职业生涯决策。

04 生涯实践

活动：个人 SWOT 分析

每个人都希望发挥自己的优点，避开自己的缺点，抓住机会，迎接挑战。通过完成表3-8“我的职业生涯决策 SWOT 分析”，大家可以认识到自己的优点、缺点以及外部的机会和威胁。请制定出相应的策略，努力使自己的优点和机会这两种因素影响都趋于最大，缺点和威胁这两种因素影响都趋于最小。

活动步骤：

1. 学习知识链接中的 SWOT 分析理论知识；

2. 参考表 3－7 的范例，针对自己的某个职业目标，完成表 3－8；
3. 活动时长：15 分钟。

表 3－7　小张职业生涯决策的 SWOT 分析范例

优势，优点（S）	劣势，缺点（W）
1. 做事比较认真、踏实；生活态度乐观积极，善于发现事物和环境积极的一面；富有极强的责任心和耐心，且喜欢做与机电相关的工作 2. 动手能力强，专业实训课目前成绩都是 A，课余时间参加过义务维修活动，修好过台灯、电饭煲、排插等；英语书面能力强，准备报考 A 级，有一定的口语表达能力；逻辑思维性和条理性较强 3. 表达能力强，大一上学期已经取得普通话二甲证书，参加过学校辩论赛，获得最佳辩手，有组织大型校园活动经验，具有很强的团队精神	1. 办事不够细腻，有时考虑问题不全面、做事不够果断，尤其事前做决定的时候老是犹豫不决，做事有时拖拉，不够雷厉风行 2. 工作、学习有些保守，冒险精神不够，创新能力有待提高 3. 缺乏团队意识，虽然自己获得了最佳辩手，但辩论团队却输了 4. 专业知识有待加强，曾维修过的扩音器，经过更换零件和调试后还是没能修好，点焊能力也有待加强
发展，机会（O）	**阻碍，威胁（T）**
1. 国家“十四五”中提到大力发展制造业，需要大量专业人才 2. 在学校有构建良好人际关系的条件 3. 本专业今年就业率一直保持在 95%左右 4. 有亲戚从事机电行业 5. 行业技能竞赛获奖后能直接拿到冠名公司的录用通知书	1. 机电类毕业生较多，竞争激烈，要尽早从低端人才市场脱离，寻求专业核心竞争力 2. 距离毕业还有两年半时间，电工证考试还没有安排进日程，还没有进入准备状态 3. 用人单位对个人素质要求不断提高，现阶段个人隐性素质与显性素质与用人单位的要求差距大 4. 个人经验不足 5. 普高毕业学生跟中职毕业学生在课程学习理解上还是有所差异
核心竞争力	对专业有浓厚的兴趣，有志参加技能竞赛；动手能力强；表达能力强
总体分析	通过以上分析，可以看出小张希望从事机电行业工作的个人优势与机会大于劣势和威胁，具有专业优势、个性优势、能力优势、发展条件的优势。建议他在今后的学习中寻找竞赛机会，为就业或升学做好准备

表3-8 我的职业生涯决策SWOT分析

优势，优点（S）	劣势，缺点（W）
发展，机会（O）	**阻碍，威胁（T）**

核心竞争力	
总体分析	

05 知识链接

一、职业生涯决策的概念

职业生涯决策就是个人在多项人生选择之间权衡利弊，以达成最大价值的历程。职业生涯决策的理念是由美国经济学家凯恩斯提出的，他认为个体在面临选择，尤其是职业选择时，往往会选择使个体获得最高报酬，并将损失降到最低的选择项。

职业生涯决策是职业生涯规划的重要组成部分，是综合了个人对自我的认识，以及对教育与职业等外在因素的判断，面临生涯抉择情境时所做的各种反应。

对于每一个即将走向社会的大学生来说，以下是影响职业生涯发展的几项重大生涯决策：

1）选择何种行业；

2）选择行业中的哪一种工作；

3）选择所适用的策略，以获得某一特定的工作；

4）从数个工作机会中选择其一；

5）选择工作地点；

6）选择工作的取向，即个人的工作作风；

7）选择生涯目标或者系列性的升迁目标。

二、SWTO 分析

（一）SWOT 分析的概念

SWOT 分析是职业生涯决策中经常使用的功能强大的分析工具，利用这种方法可以从中找出对自己有利的因素，以及对自己不利的、要避开的东西，发现存在的问题，找出解决的办法，并明确以后的职业方向。

（二）SWOT 分析的内容

SWOT 分析主要包括四个方面：S 代表 Strength（优势），W 代表 Weakness（劣势），O 代表 Opportunity（机会），T 代表 Threat（威胁）。其中，S、W 是内部因素，O、T 是外部因素。从整体来看，SWOT 可以分为两部分：上半部分为 S、W，主要用来分析内部条件；下半部分为 O、T，主要用来分析外部条件，表 3－9 是职业生涯决策的 SWOT 分析模型。

表 3-9 职业生涯决策的 SWOT 分析模型

优势，优点（S）	劣势，缺点（W）
什么是我最优秀的品质？ 我曾经学习了什么？ 我曾做过什么？ 我做过的最成功的事是什么？	我的性格中有什么弱点？ 我还有什么缺陷？ 我最失败的经历是什么？
发展，机会（O）	**阻碍，威胁（T）**
什么样的环境会是我的机会？ 什么样的行业会是我的机会？ 什么样的职业会是我的机会？ 什么类型的组织会是我的机会？	什么样的环境会是我发展中的阻碍和威胁？ 什么样的行业会是我发展中的阻碍和威胁？ 什么样的职业会是我发展中的阻碍和威胁？ 什么类型的组织会是我发展中的阻碍和威胁？
核心竞争力	分析自己的核心竞争力，这也是在职场中需要重点发挥的
总体分析	对自己做一个整体评估

三、克朗伯兹生涯决策理论

美国心理学家克朗伯兹在其职业生涯决策的社会学习理论中指出，职业选择过程受到四类因素的影响：遗传天赋和特殊能力（如内在素质、身体障碍、音乐和艺术能力）；环境条件与事件（如劳动法规、技术进步、社会机构变化、家庭资源）；学习的经验（如各种工具性学习、行为和认知反应、观察学习）；完成任务的技能（如设定目标、工作习惯、情绪反应方式）。

克朗伯兹和贝克于 1977 年提出的职业生涯决策模式包括 7 个步骤：

1）界定问题：描述必须完成的决策，估计完成所需时间并设定确切的时间表；

2）拟订行动计划：描述决策所需采取的行动，并估计所需时间及完成的期限；

3）澄清价值：描述个人将采取哪些标准，以作为评价各种可能选择的依据；

4）描述可能做出的选择，确认选择方案；

5）依据所定的选择标准、评分标准，逐一评价各种可能的选择，找出可能的结果；

6）比较各种可能的选择符合价值标准的情况，从中选取最能符合决策者理想的选择；

7）描述将采取何种行动以达成选定的目标。

06 生涯分享

职业的抉择

现实生活中有千千万万为理想与责任而坚守初心的科技工作者,比如被授予“人民英雄”的陈薇院士。

1988 年，陈薇院士从浙江大学毕业，被免试推荐到清华大学化工学院读研。

当时，清华大学的毕业生是非常抢手的，可陈薇院士选择了去军事医学科学院微生物流行病研究所工作，不仅工资低，还整天与鼠疫、埃博拉等病毒打交道。7 年后，陈薇院士拿到微生物学和医学双博士学位，入选军事医学院的 A 类人才库。

2002 年非典，陈薇院士和她的团队在负压实验室，每天一待就是八、九个小时，一干就是 50 多天。

非典后，陈薇院士和她的团队又盯上了埃博拉病毒，前后跟进了整整 10 年，研究出了世界上第一支埃博拉病毒的新基因疫苗。

陈薇历经阻击非典、汶川救灾、奥运安保、援非抗埃等重大任务砺炼，带出了一支学科交叉、拼搏奉献的生物防御队伍，2018 年获军队科技创新群体奖。

2020 年 3 月，由陈薇领衔的军事科学院军事医学研究院科研团队研制的重组新冠疫苗开始人体注射试验。

2020 年 8 月 11 日，国家主席习近平签署主席令，授予陈薇“人民英雄”国家荣誉称号。人民军队熠熠生辉、浩气长存的银河中，又多了一颗璀璨的星。

“这是军人的使命，这份荣誉属于全国全军疫情防控科研攻关战线的所有同志!”此时，陈薇正在执行任务。对她来说，这是军人最好的战位。

在陈薇看来，一个人的职业选择如果能与国家需要相结合，个人价值就会成倍放大。在数十年如一日的不懈冲锋中，这位巾帼英雄带领团队为国为民铸就生物安全防控坚盾，实现了个人价值的一次次放大。

点评:

习近平总书记说，我们以最高规格褒奖英雄模范，就是要弘扬他们身上展现的忠诚、执着、朴实的鲜明品格。“选择、坚持、使命”是陈薇一路走来的三个重要关键词。她说，一个人的职业选择如果能与国家重大需求相结合，结合得越紧密，得到的支持就越大，发展的空间也越大，个人才华就越能得以充分展示，就能够更好地报效国家。

复盘评价					
任务名称	完成 1 次分析，做出最佳抉择			任务类别	☐个人任务　☐团队任务
个人姓名		班级		团队成员	

复盘：总结本次任务的完成情况，掌握了哪些知识和技能、锻炼了哪些能力、体验了哪方面的生涯规划

个人成绩评价指标		自我评价 30%	组内互评 30%	教师评价 40%
知识点掌握（30 分）	职业生涯决策的概念（10 分）			
	SWOT 分析的方向（10 分）			
	克朗伯兹生涯决策理论（10 分）			
知识点践行（10 分）	按时完成布置的实践活动（10 分）			
素质（20 分）	进取与奋斗（10 分）			
	压力与担当（10 分）			
能力（30 分）	处事能力、控制能力、及时发现问题能力（10 分）			
	灵活性、信息沟通能力、决策或辅助决策能力（10 分）			
	社交能力（10 分）			
知识成果（10 分）	成果展示（10 分）			
得分				
总得分				

任务1　立即行动，塞满你的时间
任务2　断舍离，工作简洁高效
任务3　制作思维导图，提高职场技能
任务4　提高搜商，完成职场核心KPI
任务5　制作PPT，百文不如一图
任务6　树立团队精神，在职场披荆斩棘

项目四

提升职业素养

任务1　立即行动，塞满你的时间

01 知识目标

- 理解四象限时间管理法概念。
- 掌握四象限时间管理法的方法和技巧。

02 能力目标

- 能运用四象限时间管理法则进行日程安排。

03 生涯故事

被填满的罐子

老师把一个空罐子放置在讲台上，然后从桌子下面拿出一些鹅卵石放进罐子，等鹅卵石到达罐口的高度时，老师问学生们："你们说这罐子是不是满的？"

学生们立刻异口同声道："是满的。"

老师反问："真的吗？"随后弯腰从桌子底下拿出一袋碎石子，放进罐子，又问学生们："你们说现在这个罐子是满的吗？"

学生们有些犹豫，不敢作答，只有个别同学低声回答："也许没满。"

老师笑着道："很好！"又从桌子下拿出一袋沙子倒进罐子里，问道："这下罐子满了吗？"

"好像满了。"学生回答。

老师又弯下腰，从桌底提上来一大瓶水，把水注入罐子里，直到水到达罐口，他问学生们："这堂课你们学到了什么？"

有位学生积极回答："我明白了无论一天有多少事情需要处理，只要挤一挤时间，还是都能完成的。"

老师点头道："回答得很好，但这不是我最想要告诉你们的。我想告诉你们，如果不把鹅卵石、碎石子、沙子、水按顺序依次放进罐子里，那么罐子一定装不下现在这么多东西。"

这个故事说明，在行动之前，一定要认真思考，把事情按紧要程度排序并依次处理，这样才能收到事半功倍的成效。

04 生涯实践

活动：我的一天

一天24小时，每个人都是一样的，有的人安排得井井有条，各种事情松弛有度，也有的人要么忙起来频频出错，要么闲起来无所事事，这就是没有管理好时间。请通过活动弄清楚一天可能发生的事情的轻重缓急，合理安排好时间，做时间的主人。

活动步骤：

1. 学习时间四象限时间管理法的理论知识和具体范例；

2. 根据自己的实际情况，完成表 4－1。任务重要性评分：非常重要 4 分；重要 3 分；不重要 2 分；可有可无 1 分。任务紧急性评分：非常紧急 4 分；紧急 3 分；不紧急 2 分；可以推迟 1 分；

3. 在任务清单后面空白行中写出未列举的其他事情，完善表 4－1；

4. 活动时长：15 分钟。

表 4－1　我的一天

任务清单	重要性	紧急性	分值	排序
举例：锻炼身体	3	2	5	
参加班会				
制定明天时间计划				
接待一个老同学				
完成今天所学课程的作业				
给父母亲打电话				
与同学约好打游戏				
准备考英语四级				
打扫寝室卫生				
洗衣服				
……				

05 知识链接

一、四象限时间管理法的概念

微课 4－1　四象限时间管理法

四象限时间管理法是由美国管理学家科维提出的，即把工作按照重要和紧急两个不同的程度划分为四个“象限”，如图 4－1 所示。

第一象限（重要且紧急）：立刻执行。

第二象限（重要但不紧急）：有计划地去做，对计划的拆解是关键。

第三象限（不重要但紧急）：授权给别人去做，切忌大包大揽，要注重协作。

第四象限（不重要不紧急）：尽量不做，除非第一象限、第二象限、第三象限的事情都已经完成，还有富足的时间和精力。

四象限时间管理法可以解决以下问题：

- 解决时间总是耗费在不重要的事情上的问题
- 解决所有事情都成为紧急事件的问题
- 解决重要的事情总是被耽搁的问题

我们每个人都应精于时间管理四象限法，合理安排时间，主动去完成每件事，而不是被动地应对。

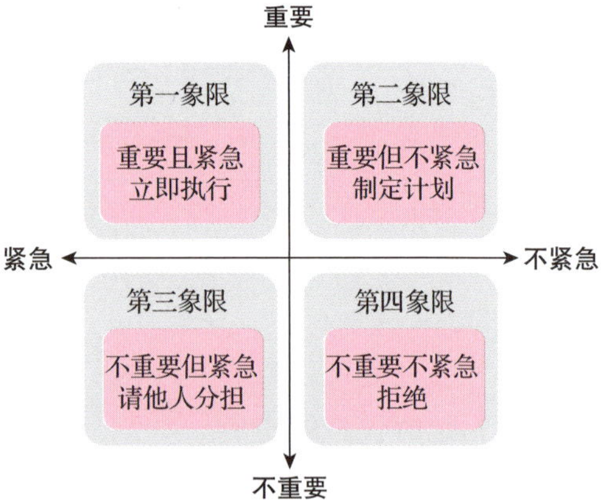

图 4－1　时间四象限

二、范例：小张的学习工作规划

某校大一学习委员小张一天的工作内容有：完成班级学风建设学期工作计划与总结、向辅导员汇报工作情况、收齐上学期期末班级所有同学的学习总结、给父母亲打电话、提醒同学们上课的时间和地点、协助任课教师进行考勤、向当天任课教师和辅导员汇报出勤情况、完成当天所学课程的作业、与寝室同学协商周末吃什么、召开班会、汇报总结班级学风建设月度工作、参加学习委员年级例会、接听电话、参与教务处每周第一课学风检查等。

针对小张这一天的工作内容，我们用四象限时间管理法帮他规划并合理利用好这一天的时间，见图 4－2。小张的学习工作完成情况如表 4－2 和图 4－3 所示。

重要且紧急（第一象限）		
	计划事项	备注
√	完成班级学风建设学期工作计划	
√	提醒同学们上课的时间和地点	
√	协助任课教师进行考勤	
√	向当天任课教师和辅导员汇报出勤情况	
√	完成当天所学课程的作业	

重要但不紧急（第二象限）		
	计划事项	备注
√	完成班级学风建设学期工作总结	
	向辅导员汇报工作情况	
√	收齐上学期末班级所有同学的学习总结	
√	给父母亲打电话	

不重要但紧急（第三象限）		
	计划事项	备注
√	参与教务处每周第一课学风检查	
√	接听电话	

不重要不紧急（第四象限）		
	计划事项	备注
√	与寝室同学协商周末吃什么	
	召开班会	
	汇报总结班级学风建设月度工作	
	参加年级学习委员例会	

图 4－2　小张的学习工作规划

表4-2 小张的学习工作完成情况

完成情况	重要且紧急	重要但不紧急	不重要但紧急	不重要不紧急
已完成	5	3	2	1
未完成	0	1	0	3
合计	5	4	2	4

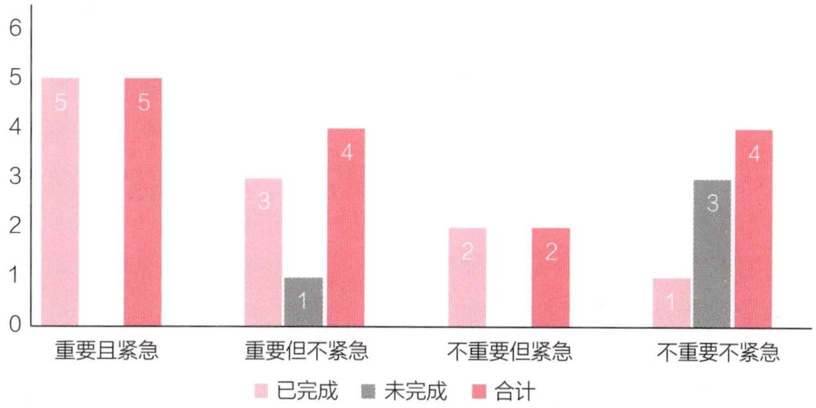

图4-3 小张的学习工作完成情况柱状图

（一）第一象限工作处理

完成班级学风建设学期工作计划、提醒同学们上课的时间和地点、协助任课教师进行考勤、向当天任课教师和辅导员汇报出勤情况和完成当天所学课程的作业，由于这五项工作重要且有时间限制，必须当天完成。

（二）第二象限工作处理

完成班级学风建设学期工作总结、向辅导员汇报工作情况、收齐上学期末班级所有同学的学习总结、给父母亲打电话等，这些工作内容对小张而言属于重要但不紧急事项，在第一象限工作完成后可进行此象限的工作。

（三）第三象限工作处理

第三象限工作需要当日进行处理，与学习、工作有关电话（例如通知领书、通知补考时间、地点等）要在3分钟内完成，并及时通知班级同学，无关的电话立即挂断；有课的时间认真上课，没课的时间参与教务处每周第一课学风检查，并将检查结果、感触、改进措施及时告知班级同学。可在第二象限工作完成后再进行此象限的工作。

（四）第四象限工作处理

第四象限工作内容相对小张当天的工作而言，并不重要也不紧急，在当日如果完不成，可以延后处理。

三、四象限时间管理法的应用技巧

使用四象限时间管理法时，划分时间管理的四象限是关键，可遵循下面这些原则和技巧。

（一）第一象限应用技巧

重要且紧急，这个象限应该具有如下因素：

1）对未来有一定影响；

2）时间上不能拖延；

3）处于事务层，这个层次多为被动接受类事务，如果提前按部就班地把事务安排好，就不会出现这种情况。

（二）第二象限应用技巧

重要但不紧急，这个象限基于如下考虑：

1）应该是少数（重要的事情肯定是少数）：

2）对未来会有一定的影响；

3）不一定集中整块的时间去处理这些事务，可把时间花费在点滴之中，某些时候或许会有意外收获。

（三）第三象限应用技巧

不重要但紧急，这个象限应存在以下几个因素：

1）时间迫切，不能延期；

2）考虑是否可请别人代劳；

3）事务性的工作，即使不做，影响范围也较小，不至于有天塌下来的感觉。

（四）第四象限应用技巧

不重要不紧急，这个象限应存在以下几个因素：

1）用来打发时间的工作；

2）仅仅当作前三个象限的调剂；

3）如果过多地沉迷于这个象限，就是在浪费大量宝贵的时间。

06 生涯分享

钟南山院士的日程表

在有关抗击新冠肺炎疫情的记忆中，有一个重要的时间节点——2020 年 1 月 20 日。

这天，国家卫健委组织召开记者会，高级别专家组通报新冠病毒已出现“人传人”的现象，给每一个人敲响了警钟，而此时的钟南山院士已经开启了“连轴转”模式，这份疫情防控期间的日程表（见图4-4）让人泪目。

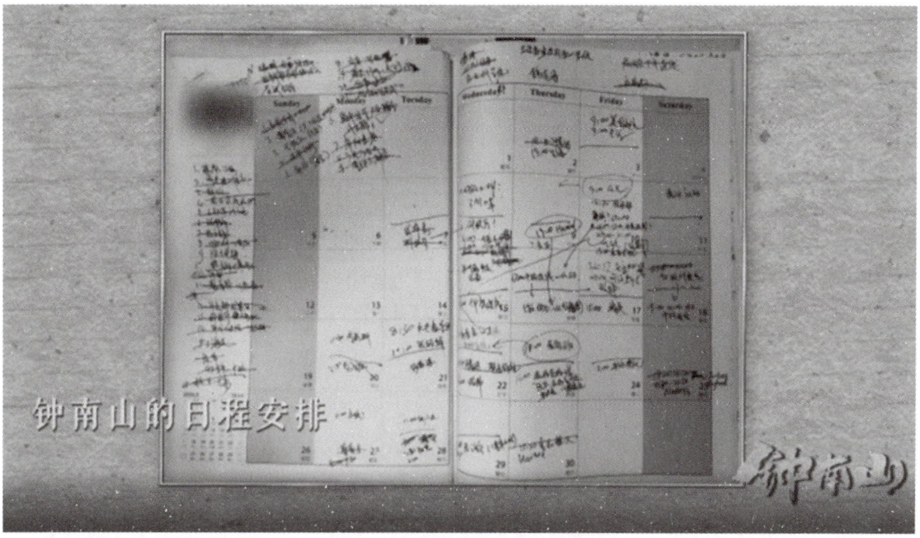

图4-4　钟南山院士的日程表

在这份八十多岁院士的日程表上，一条条信息密密麻麻，钟南山院士的秘书苏越明表示：在纸面上记录的这些行程背后，还有大量的工作，需要不断沟通，费心准备。

点评：

从钟南山院士的日程表可以看出他争分夺秒的一天，时间管理即自我管理，是大学生职业生涯规划的必备能力，也是大学生全面发展的核心素养之一。大学期间怎样做时间的朋友？以下两点建议供大家参考。

第一点建议：立即行动

时间管理的实践性很强，本书中介绍的每一个技巧和办法都需要通过实践才能发挥作用。如果你感到行动困难，可以先从最简单的一件小事做起，拿一张纸条写上你近期的计划，贴在你的书桌、文具盒等明显的位置，比如“关闭手机”“晚上花10分钟时间回顾当天的时间记录”，这些纸条会变成对你的无声督促，坚持行动21天之后就能养成一个时间管理方面的好习惯。

第二点建议：活学活用

时间管理的个性化很强，本书中介绍的方法很多时候你还需要发挥自己的智慧，根据自身情况，按自己的需要改变、组合这些方法，创造出属于自己的时间管理体系。

<table>
<tr><th colspan="6">复盘评价</th></tr>
<tr><td>任务名称</td><td colspan="3">立即行动，塞满你的时间</td><td>任务类别</td><td>□个人任务　□团队任务</td></tr>
<tr><td>个人姓名</td><td></td><td>班级</td><td></td><td>团队成员</td><td></td></tr>
<tr><td colspan="6">复盘：总结本次任务的完成情况，掌握了哪些知识和技能、锻炼了哪些能力、体验了哪方面的生涯规划</td></tr>
</table>

个人成绩评价指标		自我评价 30%	组内互评 30%	教师评价 40%
知识点掌握（30 分）	四象限时间管理法概念（10 分）			
	四象限时间管理的方法（10 分）			
	四象限时间管理的技巧（10 分）			
知识点践行（10 分）	按时完成布置的实践活动（10 分）			
素质（20 分）	进取与奋斗（10 分）			
	压力与担当（10 分）			
能力（30 分）	处事能力、控制能力、及时发现问题能力（10 分）			
	灵活性、信息沟通能力、决策或辅助决策能力（10 分）			
	社交能力（10 分）			
知识成果（10 分）	成果展示（10 分）			
得分				
总得分				

任务 2　断舍离，工作简洁高效

01 知识目标

- 了解桌面整理的重要性。
- 掌握办公（学习）桌面、电脑桌面、电脑文件整理的方法和技巧。
- 掌握资金规划的方法和技巧。

02 能力目标

- 能整理好自己的办公（学习）桌面、电脑桌面、电脑文件，营造出整洁的工作生活环境。
- 能合理安排支出。

03 生涯故事

桌面乱，升职无戏

应届大学生小白初入职场，对工作认真负责，半年来同事们对他非常认可，他自己也认为空出来的组长一职非自己莫属，但任职书一公布，竟然不是自己，而是小 A，他有点不服气，跑去问主管经理，经理对他说："你出去看看你的办公桌面和小 A 的办公桌面，以及你的电脑桌面和他的电脑桌面，看完回来告诉我，你们的区别在哪里。"小白出去一看，自己的办公桌铺满了东西、电脑桌面铺满了文件夹和文件，密密麻麻，杂乱无章，小 A 不管是办公桌面还是电脑桌面都非常整洁，他回到经理办公室说："我和他的区别就是我的很乱，他的很整洁，难道这和升职有关系吗？""当然有关系了，升职意味着管理下属、分配任务，你的办公桌面和电脑桌面凌乱无章，说明你还没有做好准备，还有一次客户让你找个合同，你找了半天，也说明桌面乱非常影响效率！"小白这才明白自己的问题所在，可是自己这么乱的办公桌面和电脑桌面该如何整理呢？

现在很多大学生因为从小到大自理能力比较差，不会整理收拾，往往也忽视了整理的重要性。其实不论是在生活中还是在工作中，整理房间也好，整理办公桌也好，整理电脑文件也好，所谓整理力更多的是一种合理规划分配、有效利用资源的能力，所以大学生一定不能忽视整理力的培养。

04 生涯实践

活动一：提高整理力

我们经常会遇到这种情况：明明记得东西放在桌上，却怎么都找不到；文件和资料从不归整，查找的时候总是毫无头绪；学习桌是学习的地方，却总是乱成一团；明明认真地打扫了寝室，却总是得不到“优”；明明没花什么钱，可没到月底这个月的生活费就没有了……这些说明我们的整理力还有待提高，下面通过活动学习如何提高自己的整理力。

活动步骤：

1. 学习知识链接里的整理术理论知识；

2. 整理自己的书桌桌面、抽屉以及电脑桌面，并将整理前和整理后的照片贴在表4－3中；

3. 活动时长：课后完成。

表4－3　提高整理力

序号	整理事项	整理成果形式（图片）		备注
		整理前	整理后	
1	书桌桌面整理			
2	书桌抽屉整理			
3	电脑桌面整理			

活动二：给电脑文件命名

活动步骤：

1. 学习知识链接中的相关知识；
2. 将以下事件取适当的文件名称，完成表 4－4；
3. 活动时长：5 分钟。

表 4－4　给电脑文件命名

事件	文件命名
本周职业规划课的作业	
汇总班级本年“三好学生申请表”	
汇总系部本年“贫困生认定表”	
本人本年“学期综合鉴定表”	

活动三：记录自己一天的支出

活动步骤：

1. 学习知识链接里的资金合理规划理论知识；
2. 下载任一记账工具 APP，记录自己一天的支出，截图贴在表 4－5 中“支出情况”一栏中；
3. 根据一天的支出情况，分析开支是否合理，写在表 4－5“备注”一栏中；
4. 活动时长：10 分钟。

表 4－5　记录自己一天的支出

记账工具	记账举例	支出情况（截图）	备注
随手记			

05 知识链接

一、整洁的办公（学习）桌面能促进思考

某著名学院经过多年的研究，发现一个有趣的现象：幸福感强的成功人士，往往居家环境十分干净整洁；而幸福感低的人，大部分通常生活在凌乱甚至肮脏的环境中。有句古话说得好："一屋不扫何以扫天下？"连一间房子都整理不好，怎么能够治理天下？打扫房间的过程，就是处理、选择、抛弃的过程，是你与环境互动的过程，整洁的环境能够显示出一个人的逻辑性和条理性。

办公（学习）环境也是如此，人的心理状态会通过办公桌及周围环境表现出来，桌面整洁的人，工作起来肯定也是干净利落的。如果办公桌整洁有序，那么工作起来思维会更有条理。办公桌杂乱无章或是有太多与工作无关的物品，会分散注意力，长此以往将养成不严谨的工作态度。一个人如果长期在一个乱糟糟的办公环境中办公，人会被办公桌围绕的工作环境同化，思维也容易变得杂乱无章。何况，看到乱糟糟的办公环境，工作心情想必也不会太好吧。

人们常说"断舍离"，实际上说明了舍弃是整理的前提。给工作（学习）做减法，反而能让自己充满更多的能量。整理桌面也是一样，我们在尽量减少桌面上堆放的物品时，会发现自己的思维也渐渐打开了。整理的前提就是舍弃，果断扔掉那些不是必需的、无用的东西，把有益于工作的东西留下。我们希望通过一次彻底的"断舍离＋收纳安排"，为工作（学习）桌面找到最好的状态。为每一个物品找到它所属的分类，为每一种分类找到固定的收纳位置，并在用完后及时放回原位。

看到这里，也许你已经跃跃欲试，想为自己的办公（学习）桌面进行一次大扫除了，那我们一起来看看整理的步骤，如图4－5所示。

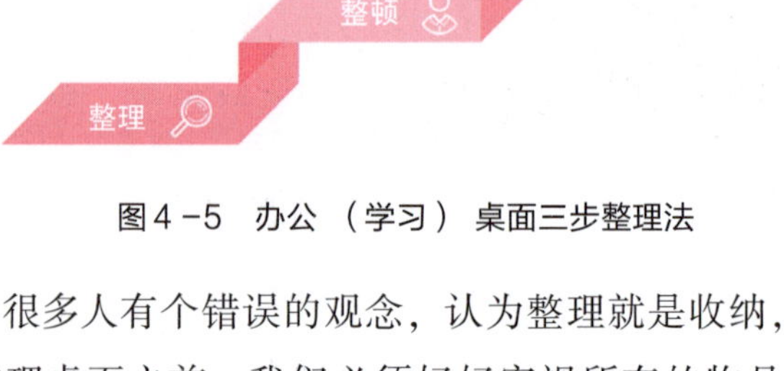

图4－5　办公（学习）桌面三步整理法

第一步：整理。很多人有个错误的观念，认为整理就是收纳，其实是只留下必需的物品。因此，在整理桌面之前，我们必须好好审视所有的物品，问问自己的内心，是不是真的需要它。它对我的办公（学习）确实有用吗？我最近使用或阅读过它吗？这个物品是必需品吗？是不是有其他物品可以代替？尽可能地减少物品，只留下让你

“怦然心动”的必需品。

第二步：整顿。经过第一步后，此时你的面前一定分为了两个阵营，一边是“留下”，一边是“丢弃”。现在我们将留下的物品进行合理的分类：资料类、文具类、杂物类，为它们找到属于自己的位置。

第三步：维持。上面两步完成之后，其实你的桌面已经焕然一新了，接下来的步骤就是维持了。开头的一两天你也许不习惯，但是坚持下来你会发现，及时将用完的东西放回原处，会给你的工作学习带来极大的方便。

二、电脑桌面的整理

在电子化办公普及的今天，电脑中的文件才是我们平时接触得最多也最重要的文件。如果你的电脑中的文件十分混乱的话，工作起来也会十分吃力。整理电脑文件，建议先从电脑桌面开始。我们常常能看到有的人电脑桌面堆积了满满的文件、文件夹和许多快捷方式的图标，在这样的情况下，当需要找某个文件时会非常困难，容易眼花缭乱，而且每天一开机看到这样混乱的桌面，也会觉得心烦气躁。其实，电脑的检索、链接速度非常快，没有必要将所有的东西都堆在眼前，通过合理的收纳归整，就可以创造出一个整洁的电脑工作环境。日常工作中，文件的传送、版本的更新、新文件夹的创建，都是增加电脑桌面混乱程度的因素，适时地整理电脑桌面能让我们更有效率地工作。我们也需要通过这样的整理，养成有条理的工作习惯。我们倡导的整理力，并不是一时半会儿的整理，而是通过养成整理的习惯，让日后的生活和工作都保持在整洁的环境中进行，如图 4 – 6 所示。

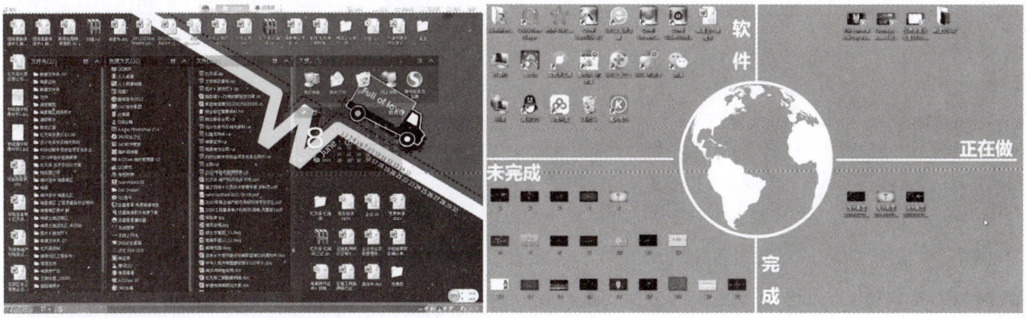

图 4 –6　电脑桌面通过整理后变得非常整洁

电脑桌面的整理有如下三个比较重要的习惯。

（一）桌面图标不超过三排

我们喜欢直接从桌面找文件，那么可以将桌面上的文件进行分类，再归类到某个专门储藏该类文件的文件夹中。再通过建立文件夹快捷方式的形式，快速找到文件。其次，将不经常使用的软件的快捷方式删除，只保留经常使用的软件图标，也方便在需要软件的时候快速找到它们。在经过这样的整理后，确保电脑桌面的图标不超过三排，就能保持电脑桌面的整洁，工作起来也更加方便。

（二）文件夹不超过三层

虽然文件夹下可以一直新建子文件夹，但不断点开层层的文件夹去寻找资料，也是一件十分耗时的事情。一不小心，重要资料就淹没在一层又一层的文件夹中了。从现在开始养成文件夹最多不超过三层的习惯吧，在目光所及的范围内横向平铺，让你对自己的工作一目了然。

（三）软件更新后旧版本应该及时删除

软件的更新换代常常发生，文件也会不断地进行修改，当我们更新了软件新版本，确定了最终的文件后，就可以及时地把旧版本软件安装包和旧的文件删除，给电脑更多的空间去运行。

三、电脑文件的保存与整理

（一）按不同层次进行分类保存

我们日常的工作学习内容，不可能是单一的，手头上总会有着不同的事情在同时进行着。比如一个团委任职的学生可能还兼任班级的职务，除了团委的工作、班级的工作，还有学习任务，稍有不注意，就容易造成混乱。为了防止这种情况发生，建议对文件实行严格分层管理。

请仔细地检查一下自己电脑中经常保存文件的位置，比如收集的班级“三好学生申请表及汇总表”“优秀班级申请汇总表”“贫困生认定结果”“班级课表”等，是不是存在将它们混乱地放在同一个文件夹里的情况？当你需要用某一个文档的时候，却不知道放在哪个文件夹，难以快速找到，资料也不齐全。所以，对于经常交流的部门、班级等，可以按照名字分别创建不同的文件夹，将该部门或班级的所有相关资料，都存放在一起，以防疏漏；也可以用其他标准进行文件夹的分类。总之，要找到最为恰当的分类方式，让文件都有自己的归属。分层次的保存方法，不仅让我们在头脑中对自己的工作有了大致的把握，也在电脑中构建了工作的框架，需要查看的时候也就一目了然了，如图 4 - 7 所示。

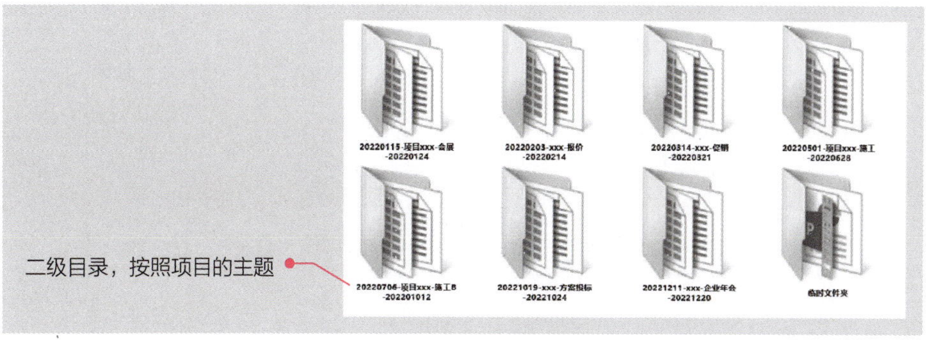

图 4 -7　按不同层次进行分类保存

（二）按时间轴整理文件

你会定期处理旧衣服吗？衣柜里的衣服逐年增加，而那些因为过时、不合适、不喜欢等原因不穿的衣服，依旧堆在衣柜中。久而久之，衣柜空间越来越小，这样一来，再大的柜子也会撑不住。电脑中的文件也是，再大的硬盘，如果不清理，也会有不够用的一天。用“年份—月份”命名建立文档，年份作为一级目录，月份作为二级目录，随着时间的推移新建文件夹，用这种时间轴的方式来整理文件，是一种直观且不易产生遗漏的做法，如图 4 -8 所示。

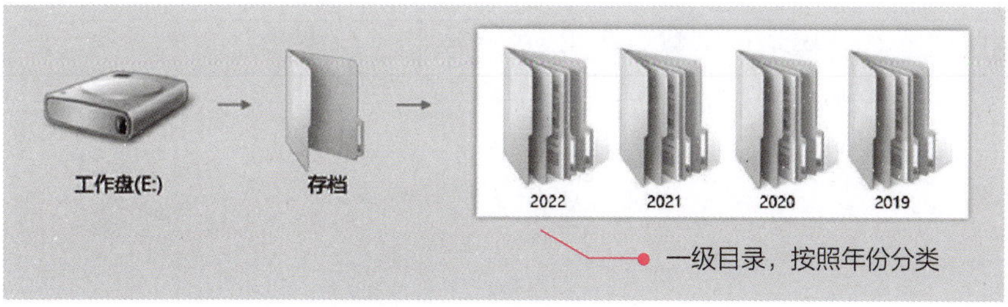

图 4 -8　按时间轴整理

（三）文件命名要规范

我们在命名文件夹时，很容易用文件内容来命名。在初期，这可能是一种直观的方式，可当相关文件一多，搜索的时候可能会出现很多同名文件，只能一个个打开确认内容，费时费力还容易出错。例如，一名学生在做毕业设计时，如果仅仅根据 ××× （姓名）来命名文件夹，那么不出半年，他的电脑里就会出现很多个名为“ ×××（姓名）”或“ ×××（姓名） - 新”之类的文件夹，光看名字还真的想不起来里面放了哪些内容呢！

所以大家会发现，一个个不起眼的文件名，实际上对工作的影响是极大的。

大家可以参照图 4 -9 方法，根据自己的工作学习性质，合理地运用关键词给文件命名，只需要动动手指头，你的电脑就能呈现出一幅全新的可爱面貌！

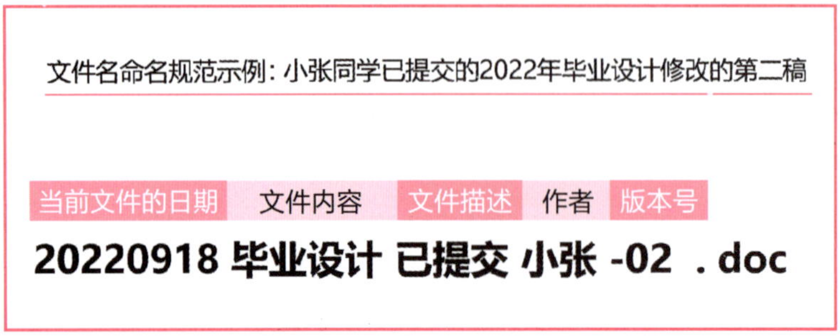

图4-9　文件命名要规范

四、合理规划支出

合理支出的前提是先整理，首先要认识到不同的支出都需要设置不同的份额，做到对资金流的走向胸有成竹。在进行财务整理与规划中，尝试着把支出划成三份：自我投资、消费、梦想基金。最好的比例是70%消费、25%自我投资、5%梦想基金，如图4-10所示。

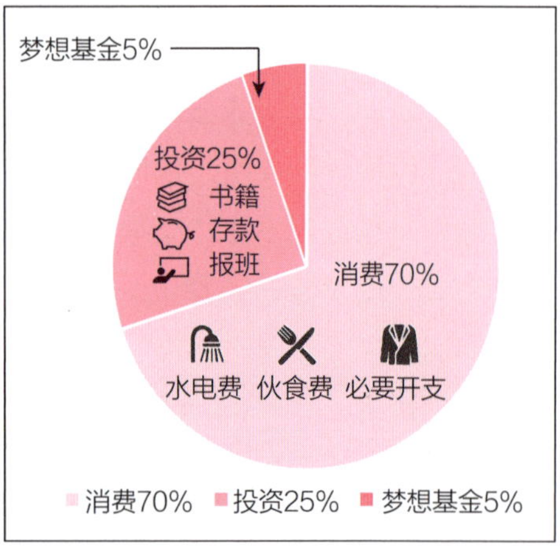

图4-10　合理规划支出

消费是占支出份额中最大比例的项目，用于生活的必要开支，包括伙食费、水电费、通信费用、交通费用等。一切维持生活的支出，都属于消费。对于这一部分你不需要有太大的压力，正是这些消费才构成了我们丰富的生活，没有必要为了节约而一味缩减消费，降低自己的生活质量。

自我投资所占的比例并不算高，买书、上培训班、学才艺等，都是自我投资。自我投资的确是一项支出，但它能带回预料之外的收获，这方面的支出是不可省的，而且自我投资是受益终身的。

梦想基金是支出份额中比例最小的部分，是用来激励自己的。这部分的钱可以存起来买自己想要的东西，或者攒着去旅游。梦想基金时刻提醒我们，有时可以冲动但不能将其作为消费习惯。

06 生涯分享

与高僧的对话

有一位年轻人，他学业有成，志向远大。可是，几年过去了，他却还是一事无成。于是，他决定去向一位有道高僧请教。

高僧了解他的来意之后，没有多说什么，只是给了他一个水壶，对他说，“天气太冷了，你先帮我烧壶水，咱们泡杯茶，暖和暖和，再慢慢聊。”高僧隐居在大山里，那里条件简陋，屋里只有一个小灶，连柴火都没有。于是年轻人去外边找了一些柴火，装满一壶水，便在灶上烧了起来。但由于年轻人准备的柴火太少了，没过多久就烧完了，可水还没有开。于是他又跑出去继续找柴火，等找到新的柴火回来，那壶水已经凉得差不多了，又得从头烧。这一次，年轻人学聪明了，他没有急着去点火，而是继续去找柴火，等柴火准备得差不多了，才开始点火烧。可是由于水太多，烧了半天还是没有烧开。这个时候高僧走过来，拿起水壶，倒掉半壶水，剩下的水一会儿就烧开了。

高僧问年轻人：“明白了吗？”

年轻人若有所思地点了点头，高僧又接着说：“一开始你没有足够的柴火，所以不能把水烧开；可是后来柴火有了，水又太多，也很难烧开。其实，我们只需要两杯茶水，所以倒掉半壶水，我们很快就能喝上热茶了。”

点评：

在这里，高僧用了一个隐喻，喝茶其实就是年轻人想要的成功。年轻人拥有热情是毋庸置疑的，但他们缺少的正是对于如何走向成功的合理规划。通过选择和放弃筛选出核心目标，并全力以赴，那么就更容易达成目标，这也正是职业规划的关键所在。

<table>
<tr><th colspan="5">复盘评价</th></tr>
<tr><td>任务名称</td><td colspan="2">断舍离，工作简洁高效</td><td>任务类别</td><td>□个人任务 □团队任务</td></tr>
<tr><td>个人姓名</td><td></td><td>班级</td><td>团队成员</td><td></td></tr>
<tr><td colspan="5">复盘：总结本次任务的完成情况，掌握了哪些知识和技能、锻炼了哪些能力、体验了哪方面的生涯规划</td></tr>
</table>

<table>
<tr><th colspan="2">个人成绩评价指标</th><th>自我评价
30%</th><th>组内互评
30%</th><th>教师评价
40%</th></tr>
<tr><td rowspan="3">知识点掌握
（30 分）</td><td>桌面整理的重要性（10 分）</td><td></td><td></td><td></td></tr>
<tr><td>办公（学习）桌面、电脑桌面、电脑文件整理的方法和技巧（10 分）</td><td></td><td></td><td></td></tr>
<tr><td>资金规划的方法和技巧（10 分）</td><td></td><td></td><td></td></tr>
<tr><td>知识点践行
（10 分）</td><td>按时完成布置的实践活动（10 分）</td><td></td><td></td><td></td></tr>
<tr><td rowspan="2">素质
（20 分）</td><td>进取与奋斗（10 分）</td><td></td><td></td><td></td></tr>
<tr><td>压力与担当（10 分）</td><td></td><td></td><td></td></tr>
<tr><td rowspan="3">能力
（30 分）</td><td>处事能力、控制能力、及时发现问题能力（10 分）</td><td></td><td></td><td></td></tr>
<tr><td>灵活性、信息沟通能力、决策或辅助决策能力（10 分）</td><td></td><td></td><td></td></tr>
<tr><td>社交能力（10 分）</td><td></td><td></td><td></td></tr>
<tr><td>知识成果
（10 分）</td><td>成果展示（10 分）</td><td></td><td></td><td></td></tr>
<tr><td colspan="2">得分</td><td></td><td></td><td></td></tr>
<tr><td colspan="2">总得分</td><td colspan="3"></td></tr>
</table>

任务 3　制作思维导图，提高职场技能

01 知识目标

- 理解思维导图的概念及应用场景。
- 掌握思维导图的绘制方法。

02 能力目标

- 能根据工作（学习）需要制作思维导图。

03 生涯故事

给大脑减减负

大一学生小王记录笔记的方式非常简单，就是把需要理解的、背诵的或是需要搞清楚的内容记录在笔记本上，写得密密麻麻。但是当小王回忆这些内容的时候，大脑好像找不到任何的头绪，如图 4－11a 所示。

后来，小王听说把同样的内容通过思维导图的方式去呈现的话，大脑在观察、分析、阅读理解的过程当中，就可以做到一目了然了。因为，大脑在思考的过程当中就可以建构起向大脑神经元一样的学习和思考的机制，这就是思维导图的核心原理，它们模拟的其实就是大脑的这种形象化的发散性思维，如图 4－11b所示。

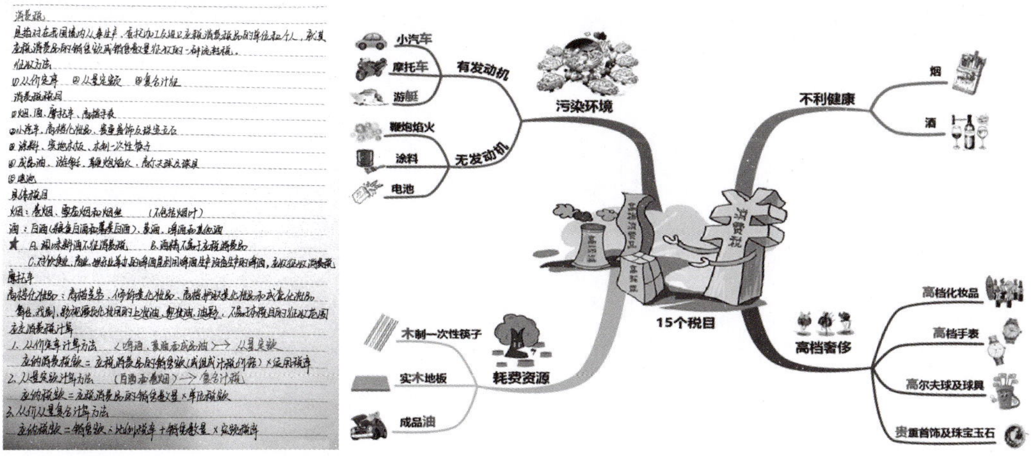

a)　　　　　　　　　　b)

图 4－11　学会用思维导图记笔记

04 生涯实践

活动：绘制第一学年发展规划的思维导图

思维导图可以应用于计划的制定，将繁杂的日程整理清晰。请思考自己将如何规划大学第一学年的生活、学习、工作，绘制出第一学年发展规划的思维导图。

活动步骤：

1. 学习知识链接里思维导图相关理论知识及学业规划思维导图具体范例；

2. 构思自己大学第一学年的生活、学习、工作规划，简单地手绘到表 4 –6 中；

3. 下载一个免费的思维导图制作软件；

4. 从思想道德、学业成绩、身心状况、社会实践四个方面，用软件绘制（非手绘）自己的第一学年发展规划的思维导图；

5. 制作完成后截图发给老师；

6. 活动时长：20 分钟。

表 4 –6　第一学年发展规划思维导图

姓名		班级	

05 知识链接

微课 4－2 思维导图

一、思维导图的概念

“思维导图（Mind map）”（见图 4－12）又叫“心智图”，是英国的教育家、心理学家、记忆力之父托尼·博赞先生（Tony Buzan）于 1974 年创立的一种优化思维、高效率、图形化、视觉化、培养创造性思维、激发大脑潜能的有效的思维工具。

托尼·博赞先生认为：“思维导图是一种新的思维模式。它结合了全脑的概念，包括左脑的逻辑、顺序、条例、文字、数字，以及右脑的图像、想象、颜色、空间、整体等。透过心智绘图，不但可以增强思维能力，提升注意力与记忆力，而且能够启发我们的联想力与创造力。”

思维导图的结构主要是运用箭头、代码和曲线等来表现元素之间的关联。图画和颜色在思维导图结构中也有着重要作用。在思维导图中，记录的文字和图表在纸上向任意方向发散，想到哪里就画到哪里，而不是保持在固定的横线上。

二、为什么要用思维导图

思维导图能帮助大脑建构一种全新的“图像思维模式”，用极简的文字、清晰直观的逻辑以及有趣的发散结构，像地图一样去呈现大脑思考的整个过程。无论是收集、处理信息，抑或是制订行动计划、启动新项目，思维导图都是强大的工具。它可以把复杂的问题变得简单，只需要一张白纸就可以清晰地把问题展现出来。在画思维导图的过程中，大脑会处在不断地有新发现的边缘，想法将迅速增加，从而激发创造性思维，面对问题会更加游刃有余。

三、思维导图应用场景

思维导图可以应用在学习、生活、工作的任何场景当中。

（一）制定计划

思维导图可以应用于计划的制定，包括工作计划、学习计划、旅游计划，计划可以按照时间或项目划分，将繁杂的日程整理清晰。

（二）记录笔记

传统的笔记记录大篇的文字，内含众多无用的修饰词，不易找出重要知识点。思维导图记录笔记将大篇幅内容进行拆分，找到从属关系，缩减文字量，便于理解与记忆，如图 4－13 所示。

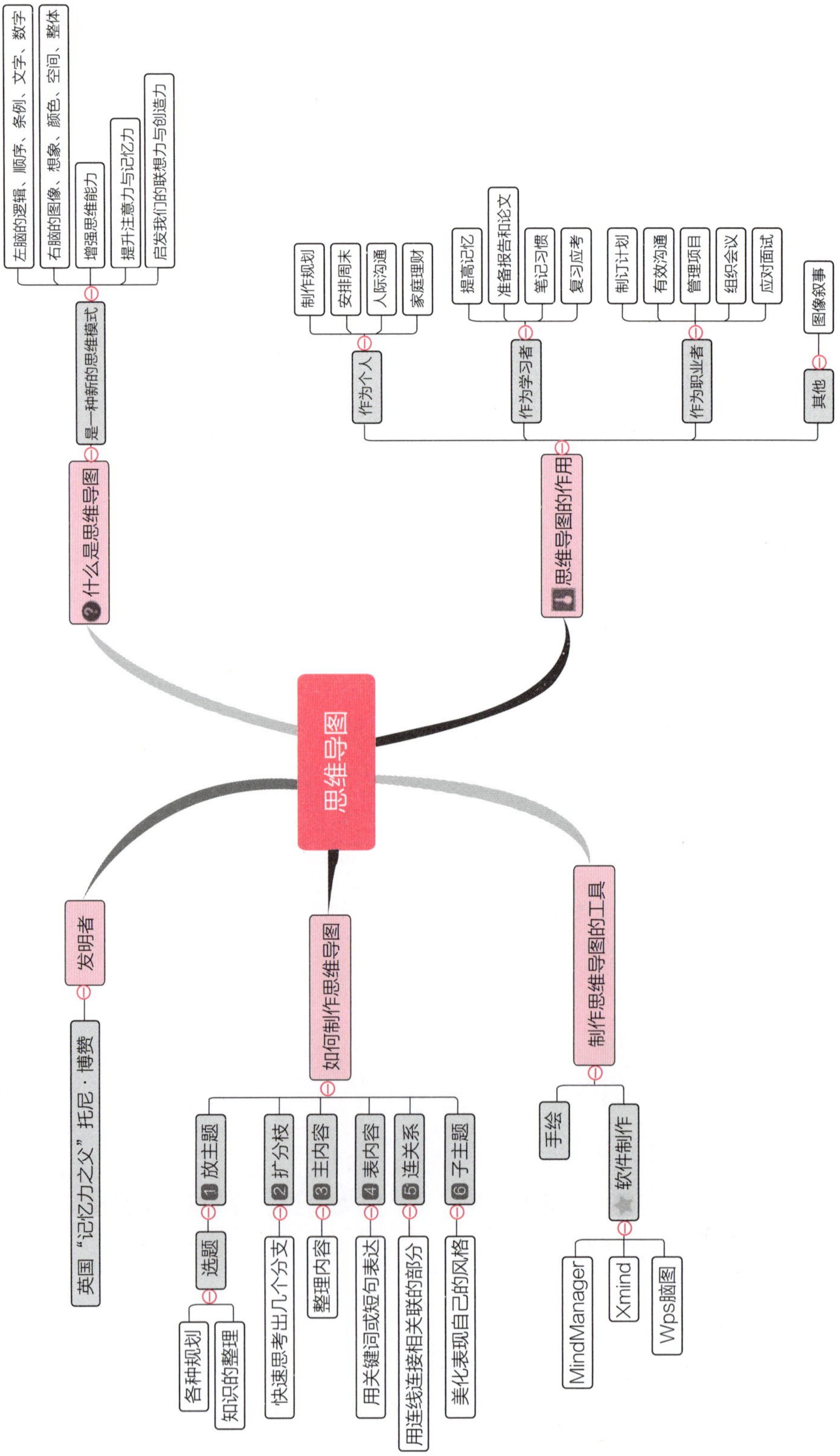
思维导图
什么是思维导图
是一种新的思维模式
左脑的逻辑、顺序、条例、文字、数字
右脑的图像、想象、颜色、空间、整体
增强思维能力
提升注意力与记忆力
启发我们的联想力与创造力
思维导图的作用
作为个人
制作规划
安排周末
人际沟通
家庭理财
作为学习者
提高记忆
准备报告和论文
笔记习惯
复习应考
作为职业者
制订计划
有效沟通
管理项目
组织会议
应对面试
其他
图像叙事
发明者
英国“记忆力之父”托尼·博赞
如何制作思维导图
1 放主题
选题
各种规划
知识的整理
2 扩分枝
快速思考出几个分支
3 主内容
整理内容
4 表内容
用关键词或短句表达
5 连关系
用连线连接相关联的部分
6 子主题
美化表现自己的风格
制作思维导图的工具
手绘
软件制作
MindManager
Xmind
Wps脑图

图4-12 思维导图概念

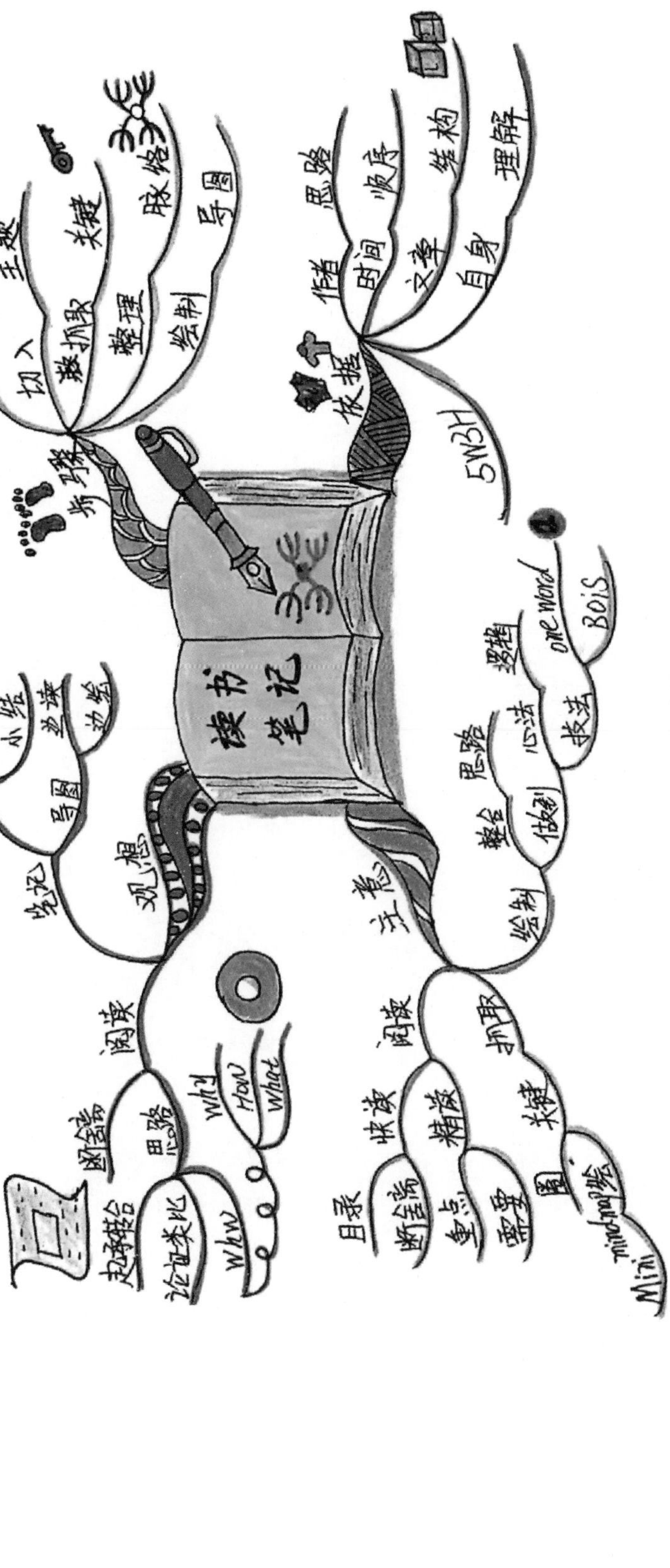

图4-13 用思维导图做阅读笔记

（三）演讲展示

思维导图简洁的表达方式可以更快速清晰地将演讲者的思路进行传达，使接收者更容易理解演讲者要传递的内容。

四、范例：小张大学第二学年发展规划的思维导图

小张，男，机电一体化专业学生，他的第二学年发展规划思维导图如图 4－14 所示。

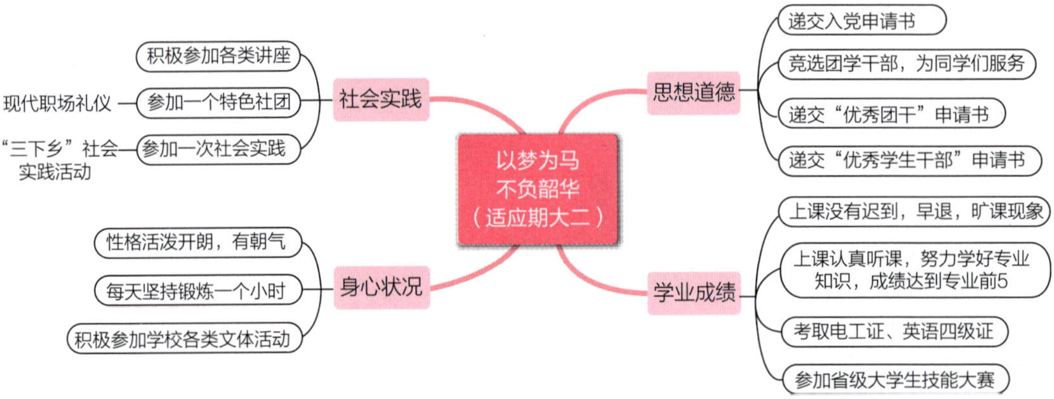

图 4－14　小张大学第二学年发展规划的思维导图

06 生涯分享

毕业后档案怎么处理?

许多毕业生都没怎么去管自己的档案问题，在以后需要的时候也不知道档案到底在哪。图 4－15 用一张思维导图罗列了几个关于档案处理的情景问题，到时你可以按照对应情况处理自己的档案。

点评：

思维导图的视觉效果直观，只需要一张图，就可以轻轻松松把重点脉络梳理出来，并且还能利用图标、剪贴画、线框等结构来突出思维导图的重点。这样的效果，无论是在协助学生高效记忆，还是对工作重点进行梳理的时候，都会有如虎添翼的效果。

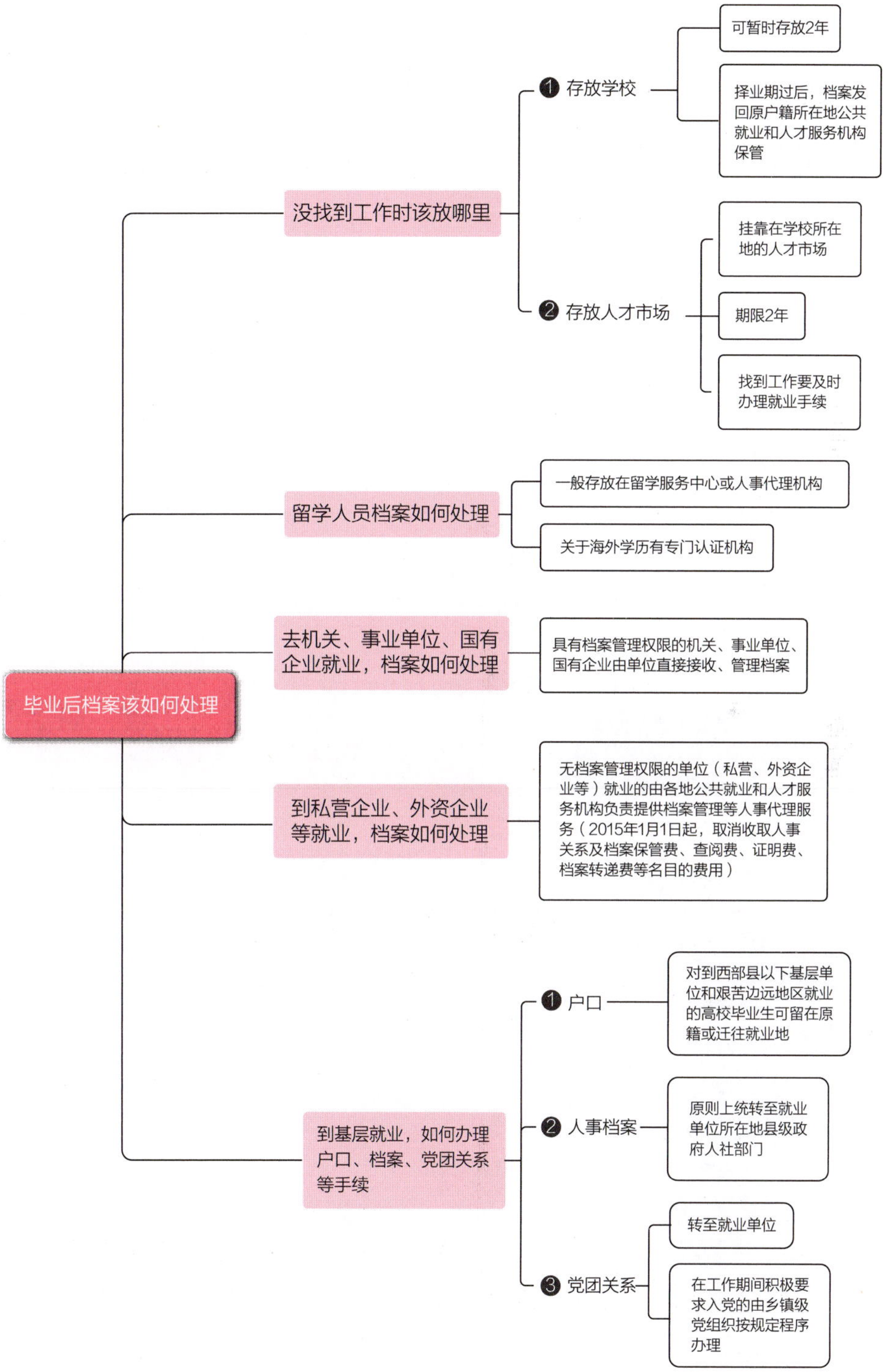

图 4－15　毕业后档案处理的思维导图

复盘评价					
任务名称	制作思维导图，提高职场技能		任务类别	□个人任务	□团队任务
个人姓名		班级		团队成员	

复盘：总结本次任务的完成情况，掌握了哪些知识和技能、锻炼了哪些能力、体验了哪方面的生涯规划

个人成绩评价指标		自我评价 30%	组内互评 30%	教师评价 40%
知识点掌握（30 分）	思维导图的概念（10 分）			
	思维导图的应用场景（10 分）			
	思维导图制作的规则（10 分）			
知识点践行（10 分）	按时完成布置的实践活动（10 分）			
素质（20 分）	进取与奋斗（10 分）			
	压力与担当（10 分）			
能力（30 分）	处事能力、控制能力、及时发现问题能力（10 分）			
	灵活性、信息沟通能力、决策或辅助决策能力（10 分）			
	社交能力（10 分）			
知识成果（10 分）	成果展示（10 分）			
得分				
总得分				

任务4　提高搜商，完成职场核心 KPI

01 知识目标

- 理解搜商的概念。
- 了解职业规划与搜商的关系。
- 掌握提高搜商的方法。

02 能力目标

- 能根据职业规划自主学习信息技术，提升信息素养。

03 生涯故事

不是所有知识都需要记忆

据传，爱因斯坦在世时，人们对他很是好奇，有人出题考他：“您记得声音的速度是多少吗?”爱因斯坦回答说：“不知道，我必须查一下书本资料才能回答，因为我从不去记资料上能查到的东西。”假如爱因斯坦活在今天，你猜猜，他会怎样应对信息过载?

信息过载会蒙蔽你的双眼，让你无法将精力聚焦在真正要紧的事情上。关于信息管理，有一个著名的“七二一理论”——你所接收到的信息，70%是无用的垃圾，20%是有点价值的速食品，只有10%是真正有营养的干货。获取大量信息会让人产生一种快感，但这是廉价的快感，无法得到真正的提升。如果一个学生或职员每天花大量时间进行信息阅读，无疑会对自己的工作造成影响，因为他只是获得了一些零散肤浅、不成体系的知识，以及“我正在进步”的廉价的良好感觉，却耽误了眼前更重要的事情，也就是自己的“核心 KPI”。

面对信息爆炸时代的来临，人类通过工具获取知识的能力快速升级。搜商理论的诞生，是对现有人类情商和智商的完美补充。

04 生涯实践

活动一：思考简历标题

你遇到的99%左右的问题都有人遇到过，都有人探索过解决方案，只是你不知道答案在哪里而已。如果你遇到一个全新的，没有任何人探索过、解决过的问题，那么要恭喜你，这是你创新的机遇。请同学们运用搜商分析企业人力资源在搜索人才简历时会优先筛选哪些简历。

活动步骤：

1. 通过搜索渠道（如智联招聘、前程无忧、中华英才网、拉勾网等），在所搜索到的招聘结果中选择你感兴趣的工作岗位，认真查看招聘的待遇、岗位要求及工作内容；再根据不同岗位的实际情况，去思考自己应该如何从专业知识、职业素质、知识和技能等几方面去进行匹配，并思考企业招聘时会搜索什么样的简历标题，然后在表4-7中写出自己的简历标题，标题中需要包含1~3个岗位词、2个左右的技能词；

2. 活动时长：10分钟。

表4-7 简历标题

错误范例：某某学院机电一体化专业小张简历 ×
正确范例：应聘调试维修工-精通电气原理-元器件布置-生产线运行管理-小张 √
自己的简历标题：

活动二：高效找到高颜值PPT模板

活动步骤：

1. 学习知识链接里的搜商理论知识，搜索3个高颜值的“职业生涯规划”PPT模板，将模板的封面和2~3个内页截图粘贴在表4-8中；

2. 活动时间：10分钟。

表4-8 “职业生涯规划”PPT模板

封面	
内页1	
内页2	
内页3	

05 知识链接

一、搜商的概念

搜商（Search Quotient），是类似智商、情商的概念，指的是用来衡量搜索能力高低的指数，也就是利用搜索引擎，获取知识和解决问题的能力。获取知识和解决问题的速度越快，效果就越好。

二、信息过载时代，需要更高搜商

当下我们已经到了信息过载时代，信息和知识呈指数增长，如果想通过学习将所有信息掌握在自己的脑海中，是几乎做不到的。我们可以参考本任务生涯故事中爱因斯坦的做法，筛选特定的信息和知识，放到大脑中。比如说：爱因斯坦认为声音的速度并不需要记忆，要用的时候去查找就可以了。这个过程就体现了爱因斯坦的搜商，他具备知识类型中提到的 Know where 型知识，知道某知识要用时要去哪里找。

我们宝贵的大脑，记忆容量和处理能力有限，应该更多用来高质量、高效率地思考，产生创意，而不是简单记一些用搜索引擎马上就可以查到的信息。在知识爆炸和信息过载的现代社会，哪些知识要精熟、哪些知识要了解、哪些知识要去哪里检索，是值得认真思索的问题。随着信息和知识爆炸性增长，越来越多的信息和知识储存在互联网上，我们不需要都记在脑海里，只需要做到在需要的时候能够利用搜索引擎快速获取就可以了。

三、怎样提高搜商

（一）增强搜索意识

有搜索意识的人，每当遇到一个问题时，不是马上开始冥思苦想，或是马上开始埋头苦干，而是会提问自己类似下面的问题。

①问题是什么？

②议题是什么？

③目标是什么？

④解决这个问题，需要哪些信息、知识和技能？

⑤有没有相对现成的解决方案？

⑥可以从哪里获得解决问题的资源？

……

在学习曲线中，典型学习过程的第一步就是获取优质的学习资源。如果你不懂选书，不知道搜索学习资源，那么你已经输在了起跑线。原因在于，资源的获取是前提性的问题。就好比烹饪，有优质的原材料，才能烹饪出美食；如果没有上乘的原料，只能用调味料去掩盖，则有损健康。在工作上也是如此。现代社会变化越来越快，岗位的内容也在快速变化，在工作中遇到一个从来没处理过的陌生情境是大概率事件。这个时候，有搜索意识的人就会知道运用搜索引擎，快速找到能够辅助完成任务的高质量信息、情报、模板等。如果想要提高搜商，首要就是增强搜索意识，培养一种良好的工作习惯。在实际动手前，运用搜索引擎获得支持信息和知识。当然，这不是鼓励直接上网复制粘贴答案或者是抄袭搬运，那是对搜索引擎的不当使用。

（二）提高搜索技能——找到更合适的关键词

大学生对于搜索引擎的使用都不陌生，例如在百度，输入一个关键词，回车，即可获得搜索结果。请注意在这个过程中，搜索的前提是你要知道这个关键词。如果你不知道这个关键词，可以换另外一个关键词来搜索，然后阅读搜索结果。可能你会从中发现更合适的搜索关键词，那么，就可以用更合适的关键词去搜索。这也是常见的搜索引擎运用方法，但做起来通常会耗费更多的时间，因为不合适的关键词，会返回很多干扰结果，从中筛选费时费力。而且由于你之前对这个关键词认知很少，你未必就能成功判断出哪个是更合适的关键词。

比如说，一个外国人对于中医不了解，大脑里根本没有“上火”这个概念，使用这个关键词来搜索的概率就很小。也就是说，如果我们知道问题的高相关性关键词，搜索的结果相关性就会更高，可用性就会更强。因此，我们要积累必要的关键词列表。对这些关键词，至少要粗略了解。当需要借助这些概念时，能从大脑中提取出来再输入到搜索引擎中。除此之外，我们还可以关注知识库、数据库。

比如知网和万方上面的期刊数据库、硕博论文数据库，以及专业医学论文数据库等，由于主题明确，在搜索特定信息和知识时，这些数据库会比百度等通用搜索引擎返回的结果的可用性更高。

比如说，搜索一本书，带上书名号，例如使用“《时间简史》”作为关键词就比“时间简史”好。

比如说，想指定在某个网站的站内搜索，可以使用站内搜索“site”功能。例如在新华网中搜索“汽车”，可输入“site：xinhuanet. com 汽车”，如图 4－16 所示。

图 4－16　某个网站的站内搜索

比如说，搜索特殊类型的文件，可以使

用“filetype：+关键词”功能，例如想找一个大学生职业生涯规划的 PPT 模板，直接输入“大学生职业生涯规划”关键词，得到的基本是 word 文档，如图 4－17a 所示；如果输入“filetype：ppt 大学生职业生涯规划”，就会得到大量的 PPT 模板，如图 4－17b 所示。

a)

b)

图 4－17　两种搜索结果对比

（三）搜索适可而止

搜索是需要花时间和精力的，自己瞎想往往不如搜索出优质资料后激发的想法多，不用担心看了搜索出的资料会影响创意。

但另一方面，也会存在搜索过头的现象。比如说，当接到一个任务的时候，你搜索很久，感觉打开的一大堆电脑页面似乎都有用，再加上页面中有很多超链接，如果逐一再去点这些超链接，就会打开更多页面，无穷无尽。什么时候该停止搜索？什么时候要继续搜索？我们要运用边际决策的原则进行判断。用于搜集信息的时间和其所获得结果的信息量在某种程度上呈正相关关系。但一旦超过某个程度时，就算继续追加时间，其具有实际效果的信息也不会等比例增加。也就是说，搜索产出的价值，边际效用在递减。

当你感觉已经搜索出一些高质量材料时可以暂停搜索。先行消化材料，然后结合需要解决的问题，界定问题，列出问题树，确定决策框架。一旦明确了这些，下一步还需要哪些决策信息就会更明确。二次运用搜索引擎时，我们就能输入更确定、准确的关键词。也就是说，我们要两头用力，一头运用搜索引擎寻找辅助信息，一头思考并分解需要解决的问题。

互联网中有大量的免费/低价优质资源，每个人都可以使用，在这个意义上，每个人都是资源的“富翁”。但使用这些资源的前提是，你具备一定的搜商。如果搜商不够，很多人就活成了“负翁”，感叹缺少资源，缺少机遇。

06 生涯分享

信息过载的表现

疫情期间，各类新闻媒体和社交网络平台都充斥着大量关于疫情的信息。消息类型繁多，我们常常会去关注与此相关的各类信息，有时甚至会坐立难安，即使在家休息也感到疲惫，甚至会因为情绪消耗过多，难以保持心态平衡。请阅读并回答以下问题。

1. 你是否一睁开眼睛就会先打开手机，看看最新疫情消息？
2. 你是否每天从三个以上的平台/渠道关注疫情信息？
3. 你是否把每天大部分时间用在收集疫情信息上？
4. 当手机不在身边时，你是否会十分焦虑？
5. 当网络出现问题而不能浏览网页时，你是否会坐立不安？

如果你符合其中2条，就有了“信息过载”倾向；如果有4条以上，那就可能已经“信息过载”了。“信息过载”倾向可能暂时没有对生活产生明显影响，而“信息过载”则说明已对生活产生明显影响了。

点评：

面对海量的信息，我们首先应该有甄别信息真伪的意识，同时也应该正视信息具有变化的特征和复杂性。以下三种方式可以帮助我们接受信息的“不确定性”，能有利于保持心态的平衡。

第一，主动浏览，拒绝被动推送

例如筛选有效的信息源。

重点关注政府机关、医疗机构、专业组织等具有公信力的官方媒体发布的事实类信息，尽量过滤自媒体发布的观点类信息。在微博、微信中可以设定分组，应用程序中的信息推送功能也可以选择关闭。

第二，细辨真假，防止盲目从众

在人人都是自媒体的时代，真相与谣言齐飞。发布信息是大家的权利，但别忘了，同时你也承担着一份责任。建议大家，如果你不具备医学、公共卫生等相关知识背景，那么请相信这个领域专业的、值得信任的人，不要对外转发未经证实的消息。

第三，回归真实，过好个人生活

例如多陪伴您的家人，关注家人的身体、心理变化，增强情感和信息交流。引导家中的老人和孩子接收正规渠道的消息，多关注充满正能量的、提供解决方案等的“解困式”信息，避免因恐慌、焦虑等消极情绪导致免疫力下降。总之，家人永远是你最重要的社会支持。

<table>
<tr><th colspan="6">复盘评价</th></tr>
<tr><td>任务名称</td><td colspan="3">提高搜商，完成职场核心 KPI</td><td>任务类别</td><td>□个人任务　□团队任务</td></tr>
<tr><td>个人姓名</td><td></td><td>班级</td><td></td><td>团队成员</td><td></td></tr>
<tr><td colspan="6">复盘：总结本次任务的完成情况，掌握了哪些知识和技能、锻炼了哪些能力、体验了哪方面的生涯规划</td></tr>
</table>

个人成绩评价指标		自我评价 30%	组内互评 30%	教师评价 40%
知识点掌握（30 分）	搜商的概念（10 分）			
	职业规划与搜商的关系（10 分）			
	提高搜商方法（10 分）			
知识点践行（10 分）	按时完成布置的实践活动（10 分）			
素质（20 分）	进取与奋斗（10 分）			
	压力与担当（10 分）			
能力（30 分）	处事能力、控制能力、及时发现问题能力（10 分）			
	灵活性、信息沟通能力、决策或辅助决策能力（10 分）			
	社交能力（10 分）			
知识成果（10 分）	成果展示（10 分）			
得分				
总得分				

任务 5　制作 PPT，百文不如一图

01 知识目标

- 理解信息可视化的概念及原理。
- 掌握 PPT 视觉表达要素及 PPT 基本结构。

02 能力目标

- 能将职业生涯规划通过 PPT 表达出来。

03 生涯故事

小易的烦恼

大二学生小易想锻炼一下自己的综合素质，报名参加了学院大学生职业规划大赛。凭借长期担任班级宣传委员、两次假期社会实践经历和大学期间取得的各项成绩，小易顺利入围决赛。学院告知小易，决赛分为 PPT 现场展示解说、评委提问两个环节。PPT 现场展示解说（5 ~6 分钟）是选手通过 PPT 展示并进行自我陈述，小易没做过自我展示 PPT，一下子犯了难，这可如何是好？

PPT 以文字、图形、色彩及动画的方式，将需要表达的内容直观、形象地展示给观众，让观众快速理解演讲者要表达的意思。

04 生涯实践

活动一：制作“职业生涯规划”PPT 封面

信息可视化是一种非常高效的沟通方式，可以让我们的生涯规划更加清晰明了，还可以更好地展示自己。请根据自身情况，制作“职业生涯规划”PPT 封面。

活动步骤：

1. 学习知识链接里 PPT 的信息可视化理论知识；
2. 参照表 4 -9 中的范例，制作“职业生涯规划”PPT 封面，封面要素包括：①大标题；②小标题；③个人信息；④插图，将制作的封面截图并粘贴在表 4 -9 中；
3. 活动时长：10 分钟。

表 4－9　“职业生涯规划”PPT 封面

<table>
<tr><td>专业名称</td><td></td><td>姓名</td><td></td><td>班级</td><td></td></tr>
<tr><td colspan="3">PPT 封面（范例）</td><td colspan="3">PPT 封面（图片）</td></tr>
<tr><td colspan="3">
</td><td colspan="3"></td></tr>
</table>

活动二：制作一页“短期规划”PPT

请依据本项目任务 3 所绘制的第一学年发展规划的思维导图，制作一页“短期规划”PPT。

活动步骤：

1. 学习知识链接里 PPT 的信息可视化理论知识；
2. 参照表 4－10 中的范例，制作 PPT，并将制作的 1 页 PPT 截图并粘贴在表 4－10 中；
3. 活动时长：10 分钟。

表 4－10　“短期规划”PPT

<table>
<tr><td>专业名称</td><td></td><td>姓名</td><td></td><td>班级</td><td></td></tr>
<tr><td colspan="3">短期规划 PPT（范例）</td><td colspan="3">短期规划 PPT（图片）</td></tr>
<tr><td colspan="3">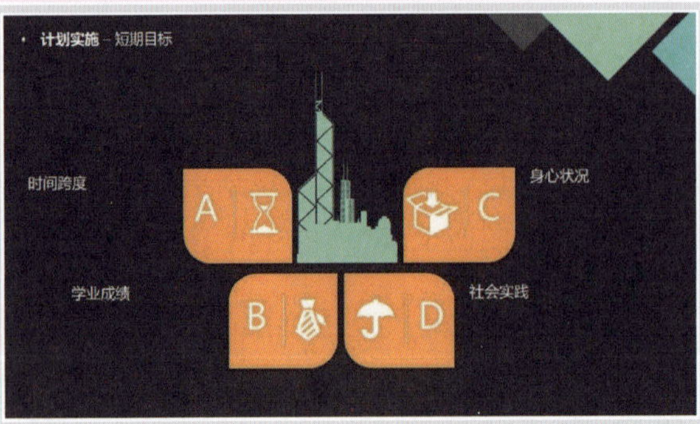
</td><td colspan="3"></td></tr>
</table>

05 知识链接

一、信息可视化的概念

信息可视化（Information Visualization）是一个跨学科领域，旨在研究大规模非数值型信息资源的视觉呈现。主要是指把复杂的、隐晦的、朦胧的甚至常人难以理解的信息变得通俗易懂，把隐藏在信息中的内在规律以可视化的方式表示出来，便于传播、沟通、预测以及研究。信息可视化最近几年主要是随着计算机技术的发展逐渐为人们所认知的。

二、信息可视化在 PPT 上如何体现

（一）版面

1. PPT 的排版只要对齐就成功了一大半

制作幻灯片时，要有意识地使用对齐元素，但是不能想当然地凭感觉手动调整元素的位置进行对齐，光凭肉眼的对齐是不准确的，要学会使用辅助线以及不同的对齐命令。

图 4－18a 的 PPT 中，首先标题没有对齐，完全就是随意放置，导致标题与周围元

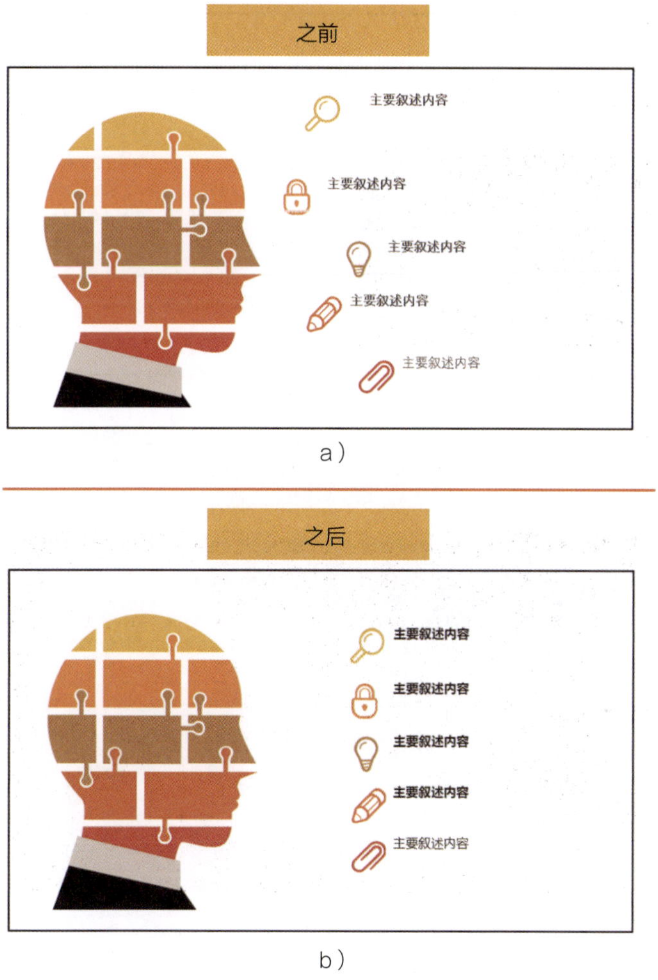

图 4－18　PPT 的排版对齐

素格格不入。其次就是页面中大小相同的 5 个图标既不是两两对齐，也不是有规律地错落排列。这时如果充分运用网格线、对齐命令下的功能，就可以调整页面中的元素恰当地对齐，如图 4－18b 的 PPT 所示，大大提升了美感。

2. 将要展现的图片作为背景的大气排版

有很多职场人员在做 PPT 时都会想到中规中矩的左图右文或左文右图的排版方式，这样的排版方式需要幻灯片有一个不错的背景。如果将图片放大作为背景就是一举两得的办法了。

图 4－19a 的 PPT 图片和文字分左右两边放置，虽然没有什么错误，但是也不够大气，而且图片太小，幻灯片背景不够出彩，不能让人感受到所宣传的东西。而图 4－19b的 PPT 首先映入眼帘的就是大气明亮的家装效果图，让观众还没有阅读文

a）

b）

图 4－19　PPT 背景

字就在第一时间产生了对“××家装”高品质装修的认可，再加上文字恰当的补充，信息传达率明显提高了。

3. 留白是 PPT 最高的艺术

大家不要以为 PPT 中的内容越饱满越好，这可不是判断 PPT 美观的标准。PPT 留白的原则总结下来就是：①幻灯片左右上下要留白；②幻灯片各个板块的元素之间要留白；③幻灯片板块中的内容要有留白。

如图 4－20 所示，两张 PPT 的内容实质是没有改变的，但是整体感觉大为不同。图 4－20a 的 PPT 给人局促、紧张感，而图 4－20b 却让人感受到轻松、自然、简洁、专业，这就是 PPT 留白的效果。图 4－20b 在保证内容清晰的情况下，分清板块，左图右文，并缩小板块内元素大小，留出空白。

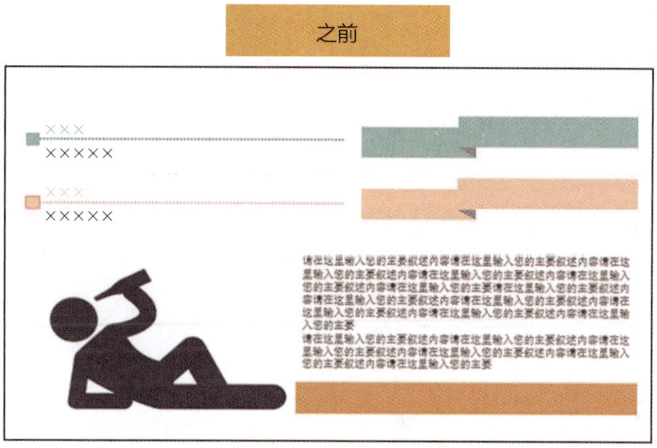

a）

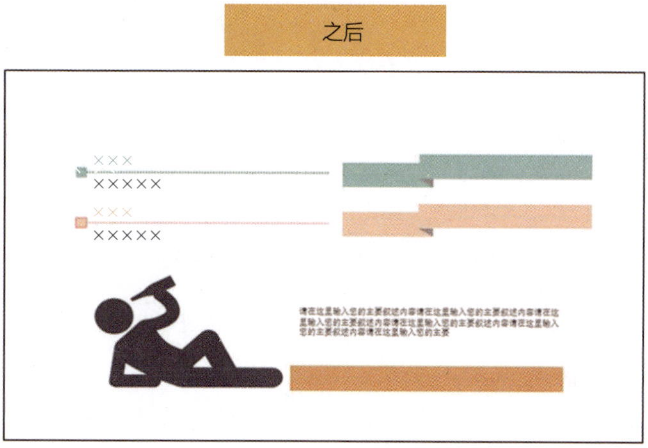

b）

图 4－20　PPT 留白

（二）字体

1．文字的排列顺序要有逻辑

对于幻灯片中的文本排列顺序，逻辑永远是首要考虑因素。在保证文字逻辑顺畅的前提下再进行版式的调整，调整时可以适当增减字词，如图 4－21 所示。

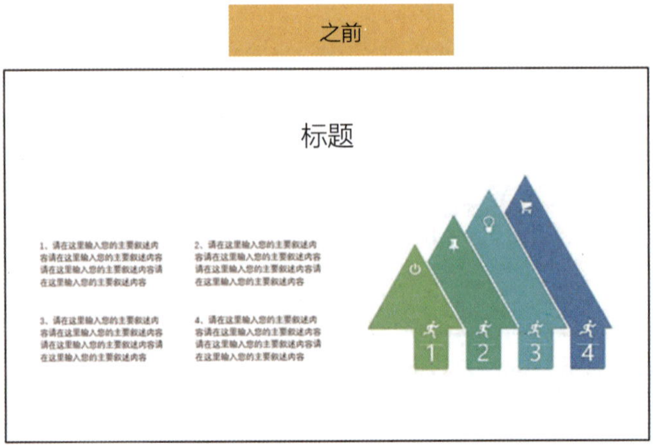

a）

b）

图 4－21　PPT 文字的排列顺序

PPT 中的文字不仅要少，还要让读者能以最轻松最快的速度领略其意思。图 4－21 的两张图中，图 4－21a 的文字大小是一样的，但是图 4－21b 根据文字的主次调整了文字的排列顺序和大小，条理就清晰了许多，不论是从版式上还是逻辑上都胜过了图 4－21a。

2. 不能让文字的间距影响阅读

要让观众带着轻松的心情迅速地接收 PPT 所要传达的信息。通常情况下字与字之间的距离太小的话，不仅会影响文本的阅读，还会在无形中带给观众一种紧张感。如图 4－22a 所示，字间距太小，尤其是有些字体甚至已经在边缘部分重叠了，非常不利于文本信息读取。而在加大了字间距的图 4－22b 中，局促感顿消。当然加大字体的间距也是有限度的，太宽的话，反而会给人一种不专业感了，所以字的间距调整原则为：在方便阅读的情况下适当加宽即可。

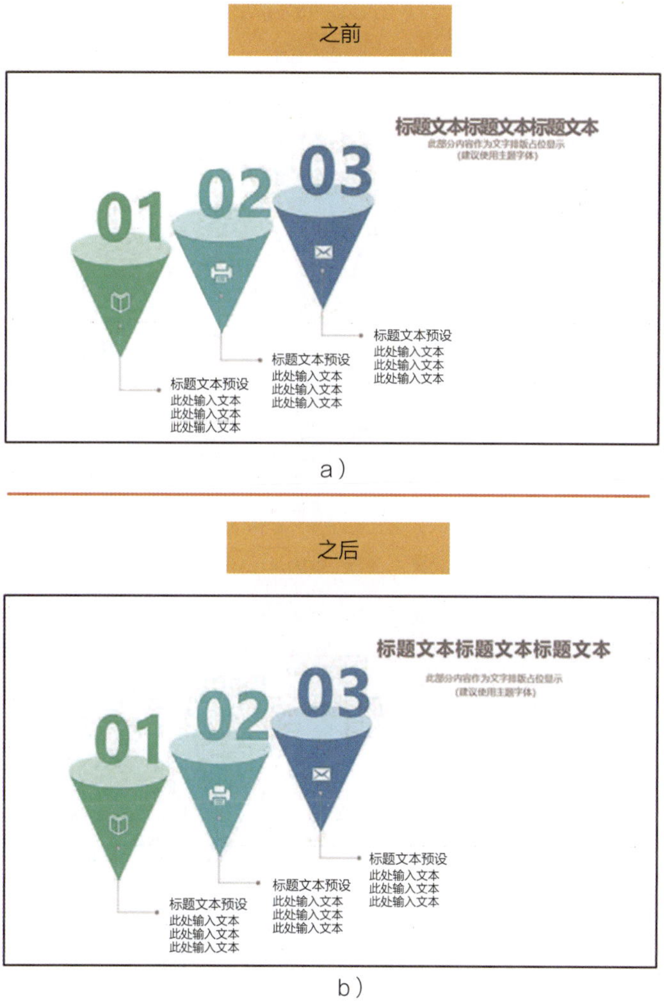

图 4－22　PPT 的文字间距

3. 对文字过多的强调等于没有强调

通常情况下 PPT 中的文字颜色以黑色为主，如果是在红色、深蓝色这样的背景上还可以用白色文字。设置彩色文字来强调重点的时候，原则上是彩色文字字数不超过总字数的 20%。

图 4－23a 中用了不同的颜色来强调重点词语，导致页面中文字的颜色一共有 6 种，画面不仅混乱，也因此没有了重点。观察文字背后的图形形状，可以发现形状大小也起到了强调内容的作用。所以这里不需要为每一个关键词语设置醒目颜色，为主标题中的数字和次标题中的重点词语设置颜色就可以了。

a）

b）

图 4－23　PPT 对文字的强调方式

（三）颜色

互补色对比效果强烈，会无形中让观众有一种紧张感，所以不推荐背景和文字颜色是互补色，会产生类似效果的颜色搭配还有红色和绿色。

图 4－24a 的背景是橙红色，而文字是亮黄色，这是一组互补色，能产生强烈的对比，会让观众感到十分扎眼，并且两种颜色的色调和亮度都比较高，如果长时间注视，

还会产生视觉疲劳。如图 4－24b 所示，稍微降低了背景的色调、饱和度和亮度，并将文字改为了白色，效果就清爽了许多。

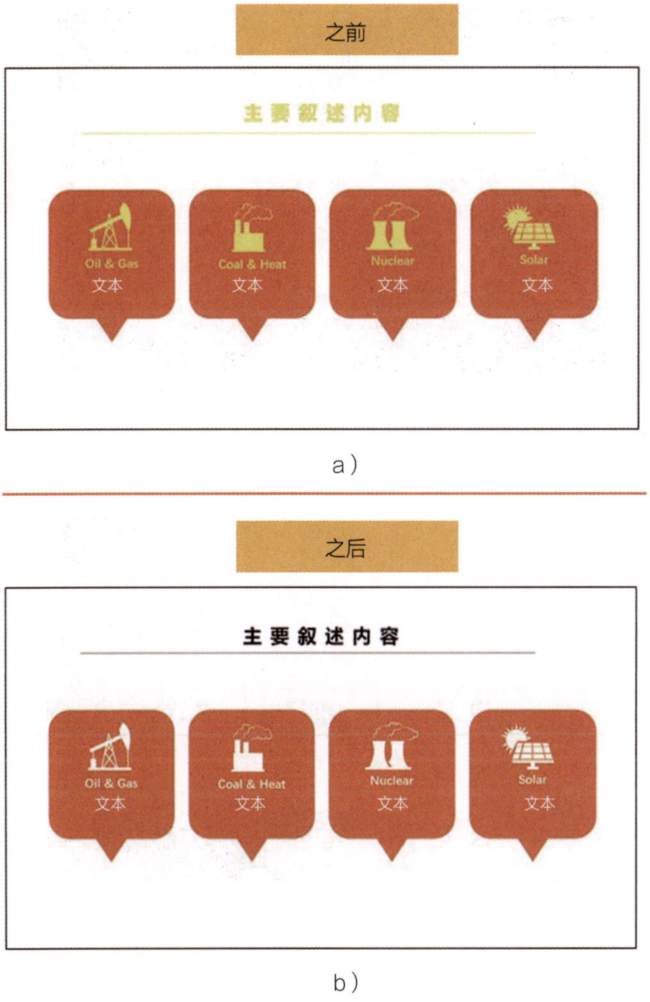

图 4－24　PPT 的颜色处理方式

（四）图片

1. PPT 中的图片不是越多越好

千万不要想当然地在幻灯片中添加太多的图片，图片在于精，而不是多。如果由于图片自身的宽度和高度等问题而无法让画面饱满，完全可以在幻灯片中添加其他元素。

图 4－25a 左边的图片是近景，而右边的图片是远景，有违和感；并且将文字这样直接放置在左边内容复杂的图片上，也让幻灯片页面更混乱了。如果删除左边的图片，则幻灯片整体又会显得空旷，于是在幻灯片的右边添加上与图片相配的色块，再将文字放置在上面，如图 4－25b 所示，在突出主题的同时又保证了画面的美感。

图 4 -25　PPT 中的图片处理方式

2. 用图片表现 PPT 的核心内容

在幻灯片中添加与主题密切相关的、能加强核心内容说明的图片，可以给幻灯片版面带来更强的视觉冲击力，同时图片也能增加幻灯片内容的故事性，带给观众趣味，不会像浏览纯文字幻灯片那样觉得枯燥。

图 4 -26a 中除了文字说明外没有图片，不能从其他地方看出页面内容的核心。而图 4 -26b 的图片十分醒目地放置在页面下方的位置，图片中拔河的两队人又恰到好处地说明了幻灯片内容的核心——“竞争”，让观众看到幻灯片的第一眼就被图片所吸引，就在脑海中产生了“竞争”这样的意识，提高了信息传播的效率。

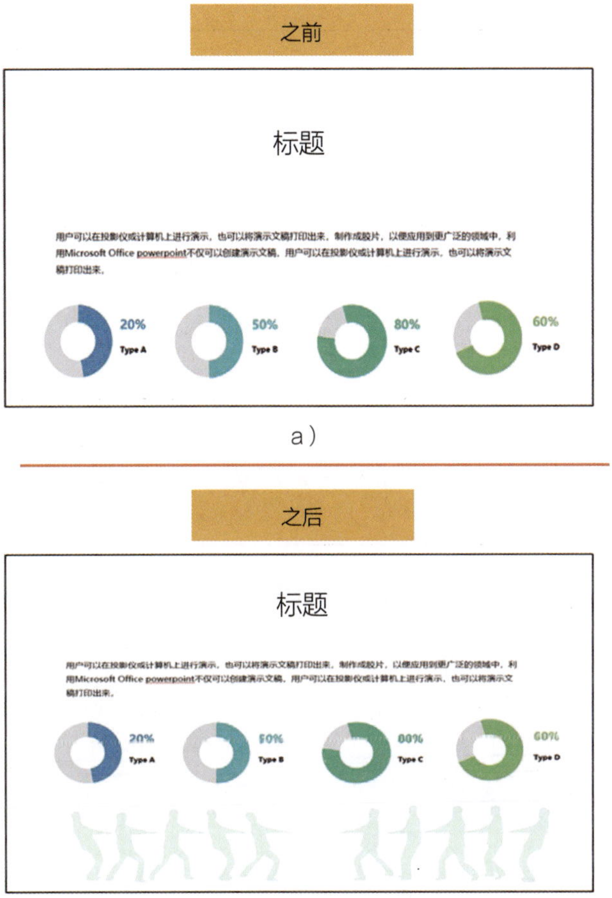

b）

图 4 -26　PPT 的核心内容处理方式

3. 百“文”不如一见，用图片代替文字

一个事物形容得再好，如果观众脑海里始终是抽象的，那也达不到预期效果。但是给观众看事物的图片，只需略微叙述，观众就会很清楚所要讲述的内容了。百“文”不如一见，说的就是这个道理。

图 4 -27a 是纯文字的内容，在这种情况下，观众要花很多时间去仔细阅读，但也很难抓住重点，更不要说在脑海中留下深刻的印象了。如果将内容用实际的图片代替，结果就不一样了，观众可以轻易地在脑海中形成具体的实物印象；并且这样的幻灯片看起来也很轻松，又在页面中保留了重点文字，故不会因为减少了文字而遗漏信息。

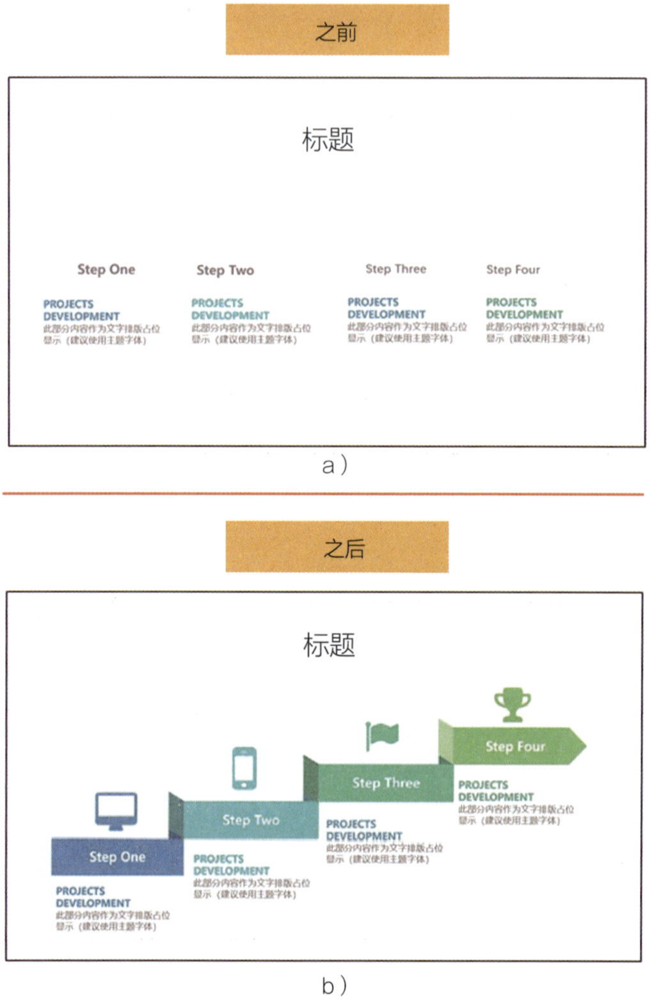

图4－27　用图片代替文字

微课4－3　大学生职业生涯规划PPT的制作

三、PPT基本结构（见图4－28）

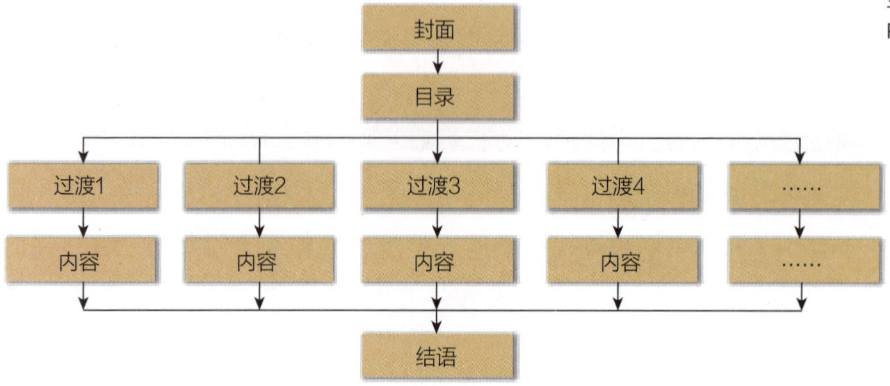

图4－28　PPT基本结构

（1）封面页

在封面页有标题，让人一眼就能知道这个 PPT 讲的是什么，如图 4－29所示。

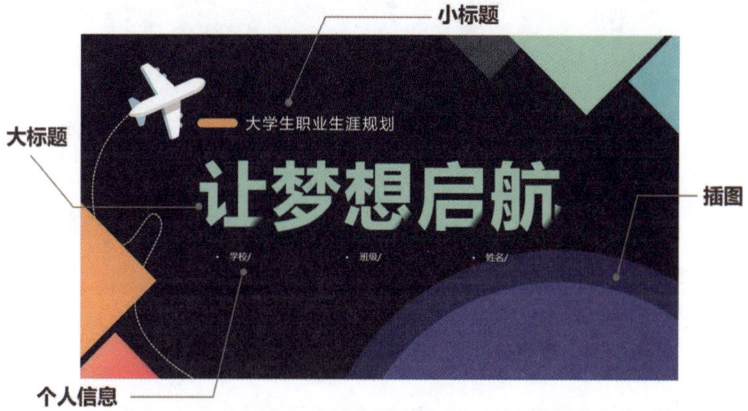

图4－29 封面页

（2）目录页

目录页主要是起一个提纲挈领的作用，让别人可以清晰地知道整个 PPT 的内容结构，如图 4－30 所示。

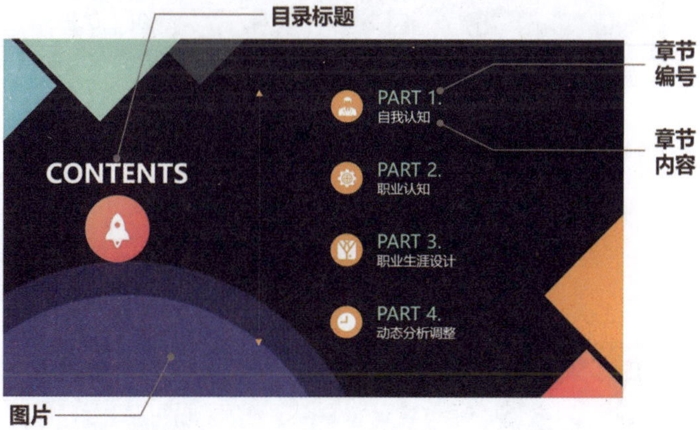

图4－30 目录页

（3）过渡页

过渡页作为两个章节的分隔，可以提醒观众，上一部分结束，开始讲下一部分了，这样结构也会比较清晰，如图 4－31 所示。

（4）内容页

内容页就是每个章节里要讲的具体的内容，如图 4－32 所示。

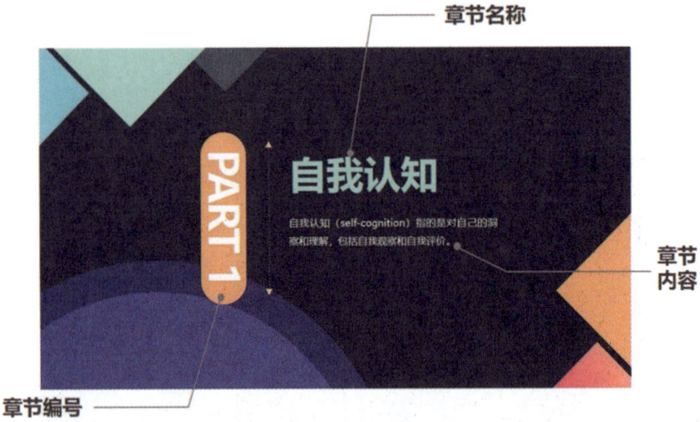

图 4 -31　过渡页

图 4 -32　内容页

（5）结束页

一般就是表达一下谢意，比如，“谢谢观看”等，如图 4 -33 所示。

图 4 -33　结束页

06 生涯分享

130 个项目冲击国赛!

2022 年 8 月 6 日，“建行杯”第八届湖南省“互联网 +”大学生创新创业大赛国赛选拔赛和专题研讨培训在湖南工商大学举行。通过层层选拔，全省共有 130 个项目入围国赛选拔赛。本次选拔赛参赛人数和规模再创历史新高，采取“现场项目展示 + 评委提问”的形式，共设 4 个赛场展开角逐，评委现场打分。选拔赛后进行集中培训和“一对一”项目培训。

湖南省教育厅高等教育处副处长王荣表示，本次比赛掀起了新一轮的创新创业热潮，希望各位专家评委挖掘出真优秀、可落地的项目，加强对项目的指导，提高项目竞争力。宁波大学学工部副部长姚小斌从基因、理念、模式、成果及展望等五个方面分享了宁波大学的双创教育发展经验。中国农业大学就业创业办公室主任郭立群全方位介绍了中国农业大学在创新创业教育中的思考维度和实践智慧。沃土股份董事长祝孝林围绕“数字化资源对接助推创新创业项目高质量培育与孵化”主题，对高校创新创业教育发展提出了优化路径。

在培训环节，培训专家就投资视角下的项目评价维度、商业模式的设计与表达路径、企业财务分析与报表制作、路演和答辩常见问题解析等方面对入选国赛的创业项目进行了集中培训，同时，分 11 组对创业项目进行了一对一培训，让参赛学生受益匪浅。

点评：

PPT 的核心思维是“讲清楚”和“有说服力”，形式可以多样化。

在“互联网 +”大学生创新创业大赛的网评阶段，项目提交的网评 PPT 是重中之重，它是评委评分的首要依据。评委通过网评 PPT，能快速了解项目全貌及优势亮点等，据此对项目进行评分。在现场赛阶段，PPT 也直接影响项目的展示效果。现场赛答辩包括陈述环节和问答环节，其中陈述环节一般是 3 ~ 5 分钟，选手想要在短短数分钟之内把项目计划书内容全部展示给评委几乎是不可能的，只能选择一些重点进行讲述，所以 PPT 的辅助演示至关重要。

诚然，参赛项目的质量是关键，但对于 PPT 等材料的雕琢也不容忽视。一份好的 PPT 能够让评委迅速抓住项目特色、项目潜力，对项目产生好感，从而为项目加分。

<table>
<tr><th colspan="6">复盘评价</th></tr>
<tr><td>任务名称</td><td colspan="2">制作 PPT，百文不如一图</td><td>任务类别</td><td>□个人任务</td><td>□团队任务</td></tr>
<tr><td>个人姓名</td><td></td><td>班级</td><td>团队成员</td><td colspan="2"></td></tr>
<tr><td colspan="6">复盘：总结本次任务的完成情况，掌握了哪些知识和技能、锻炼了哪些能力、体验了哪方面的生涯规划</td></tr>
<tr><td colspan="2">个人成绩评价指标</td><td>自我评价
30%</td><td>组内互评
30%</td><td colspan="2">教师评价
40%</td></tr>
<tr><td rowspan="3">知识点掌握
（30 分）</td><td>信息可视化概念（10 分）</td><td></td><td></td><td colspan="2"></td></tr>
<tr><td>PPT 视觉表达要素（10 分）</td><td></td><td></td><td colspan="2"></td></tr>
<tr><td>PPT 基本结构（10 分）</td><td></td><td></td><td colspan="2"></td></tr>
<tr><td>知识点践行
（10 分）</td><td>按时完成布置的实践活动（10 分）</td><td></td><td></td><td colspan="2"></td></tr>
<tr><td rowspan="2">素质
（20 分）</td><td>进取与奋斗（10 分）</td><td></td><td></td><td colspan="2"></td></tr>
<tr><td>压力与担当（10 分）</td><td></td><td></td><td colspan="2"></td></tr>
<tr><td rowspan="3">能力
（30 分）</td><td>处事能力、控制能力、及时发现问题能力（10 分）</td><td></td><td></td><td colspan="2"></td></tr>
<tr><td>灵活性、信息沟通能力、决策或辅助决策能力（10 分）</td><td></td><td></td><td colspan="2"></td></tr>
<tr><td>社交能力（10 分）</td><td></td><td></td><td colspan="2"></td></tr>
<tr><td>知识成果
（10 分）</td><td>成果展示（10 分）</td><td></td><td></td><td colspan="2"></td></tr>
<tr><td colspan="2">得分</td><td></td><td></td><td colspan="2"></td></tr>
<tr><td colspan="2">总得分</td><td colspan="4"></td></tr>
</table>

任务6 树立团队精神，在职场披荆斩棘

01 知识目标

- 理解团队精神的概念、作用及重要性。
- 了解责任感的真正含义。

02 能力目标

- 能提高执行力和班级凝聚力。
- 能树立团队精神意识。

03 生涯故事

小林的分组适应

学生小林读大学一个多月了，发现大学课程有一个很重要的特点，即大多数课程在教学过程中都会分组完成任务。小林在不同的学习小组中担任过不同的角色，材料收集员、PPT制作员、路演者、汇总员、计时员等，而且很多老师都是针对小组成绩打分。这种教学方式让小林很不适应。读大学不是应该上好课完成作业就行了吗？怎么还有这么多分组任务？

团队是一个共同体，以小组合作为载体。可以合理利用每一个成员的知识和技能协同工作，解决问题，达到共同的目标。

04 生涯实践

活动的注意事项及规则如下：

1. 活动以室内拓展形式展开，需要空旷大教室或运动场馆，一定要在保障安全的前提下进行，尤其是游戏过程中要多注意安全；

2. 曾经手、脚等部位受过伤的同学要提前告诉老师，过程中身体如有不适应立即停止活动并向老师反映；

3. 活动三原则：忘记性别，忘记年龄，忘记场合；

4. 集体安静的口令：老师说“123”，学生回复“静悄悄”（其他集体安静口令也可以，提前演练几次）。

○ 活动一：破冰游戏——桃花朵朵开

“破冰”是在拓展当中，打破人际交往间怀疑、猜忌、疏远的藩篱，就像打破严冬厚厚的冰层。这个“破冰”游戏帮助同学们放松、热身并变得乐于交往和相互学习。

活动步骤：

1. 老师或者指挥者站最中间，同学们围成一个圆，扮演桃花，听口令集体向右转，快速地跑起来，如图 4－34 所示；

图 4－34　桃花朵朵开游戏

2. 在同学们跑起来之后，老师喊出“桃花朵朵开”的口令，同学们就问“开几朵?”，老师报出一个数字，比如“5 朵”，那么同学们必须快速地每 5 个人围在一起；

3. 数量不能多也不能少，一旦数量有误，则抱成一团的所有人和还没有成团的人，都需要站出来接受小惩罚；

4. 活动时长：10 分钟左右。

○ 活动二：组建团队

活动步骤：

1. 破冰活动之后，让所有同学恢复站成圆圈，然后任意指定一个同学开始报数，根据计划分的队伍数量报数，每队人数控制在 12 ~ 15 个人左右，比如，一共 60 个人，可分为 5 队，每队 12 个人，报数就按 12345、12345……，报完后，所有报 1 的是 1 队、报 2 的是 2 队……依此类推；

图 4－35　组建团队

2. 分好队后，按队站好，给各队 8 分钟的讨论时间，选出队长、队名、队形、口号、队歌；

3. 时间结束后，各队依次展示队长、队名、队形、口号、队歌，如图 4－35 所示；

4. 活动时长：15 分钟左右。

○ 活动三：金蛇取水游戏

活动步骤：

1. 提前准备好道具：眼罩（数量比参与人数多 1 ~ 2 个）、矿泉水（数量比队伍数量多 1 瓶）；

2. 每队成员排成一列，前面的人将手搭在后面人的肩上，然后除队伍最后 1 个人外，其他成员都要求带上眼罩；

3. 每队的任务是在最后 1 个人的指挥下，在场地中找到贴有自己队伍标志的纯净水，拿到水后还不能卸下眼罩，仍由最后 1 个人指挥队伍行进到老师或指挥者身边，并将水交至其手中，方可算作完成任务；

4. 游戏开始后，所有人不能说话，也不能发出其他暗示的声音。队伍开始做任务前，所有的人需要在原地转三圈，然后伸手搭在前面队友肩膀后出发，如图 4－36 所示；

图 4－36　金蛇取水

5. 游戏开始前，每队有 10 分钟的内部沟通时间，商量如何才能有效、高速地完成任务，比如，可以指定一些动作作为命令；

6. 用时最少的队伍获胜，用时最多的队伍全体成员接受小惩罚；

7. 活动时长：20 分钟左右。

活动四：同舟共济游戏

活动步骤：

1. 提前准备好道具：A4 打印纸（数量比参与人数多 5～10 张，最好用已打印的废弃不用的 A4 纸），每队挑选一名协助员去其他队，比如 1 队的协助员去 2 队，2 队的协助员去 3 队，依次类推；

2. 每队聚在一起，队形不限，每人拿一张纸，自行摆放，自己站在自己的纸上；

3. 游戏开始后，协助员会不断撤掉一张纸，被撤掉纸的队员，要想办法站到其他队员的纸上去，过程中所有队员的双脚不能着地；

4. 协助员每撤掉一张纸，问队员能不能坚持？还能不能再撤掉一张纸？

5. 最后看哪队队员脚下的纸最少、站的时间最长，即获胜，如图 4－37 所示。双脚着地犯规、纸最多、站时间最少的队接受惩罚。

6. 游戏开始前，每队有 5 分钟的内部沟通时间，商量如何才能有效、高速地完成任务；

7. 活动时长：25 分钟。

图 4－37　同舟共济

活动五：分享环节

活动步骤：

1. 在“金蛇取水”和“同舟共济”两个游戏中获第一名和最后一名的队长分享其胜利或者失败的原因，如果再来一次，有没有更好的方法去完成游戏？

2. 每队再任选队员 1 ~ 2 名，分享两个游戏带给他们的收获和感想是什么？

3. 老师最后点评整个任务的完成情况、参与者体会到哪些团队精神、团队精神在今后学习和工作中的重要性。

4. 活动时长：20 分钟。

05 知识链接

一、什么是团队精神

微课 4 - 4　团队精神

团队精神是大局意识、协作精神和服务精神的集中体现，核心是协同合作，反映的是个体利益和整体利益的统一，进而保证组织的高效率运转。

团队精神的形成并不要求团队成员牺牲自我，相反，挥洒个性、表现特长保证了成员共同完成任务目标。团队精神是组织文化的一部分，良好的管理可以通过合适的组织形态将每个人安排至合适的岗位，充分发挥集体的潜能。如果没有正确的管理文化，没有良好的从业心态和奉献精神，就不会有团队精神。

二、团队精神的作用

（一）目标导向

团队精神能够使团队成员齐心协力，拧成一股绳，朝着一个目标努力，对团队中的个人来说，团队要达到的目标即是自己必须努力的方向。

（二）团结凝聚

任何组织群体都需要一股凝聚力，传统的管理方法依靠的是组织系统自上而下的行政指令，淡化了个人感情和社会心理等方面的需求。团队精神则通过对群体意识的培养，通过队员在长期的实践中形成的习惯、信仰、动机、兴趣等文化心理，来沟通人们的思想，引导人们产生共同的使命感、归属感和认同感，逐渐强化团队精神，从而产生一股强大的凝聚力。

（三）促进激励

团队精神要靠每一个队员自觉地向团队中最优秀的员工看齐，通过队员之间正常的竞争实现激励。这种激励不是单纯停留在物质层面，而是要能得到团队的认可。

（四）实现控制

在团队里，不仅队员的个体行为需要控制，群体行为也需要协调。团队精神所产生的控制作用是通过团队内部所形成的一种观念的力量、氛围的影响，去约束、规范、控制团队中的个体行为。这种控制不是自上而下的硬性强制力量，而是由硬性控制向软性内化控制；由控制个人行为，转向控制个人的意识；由控制个人的短期行为，转向对其价值观和长期目标的控制。因此，这种控制更为持久且更有意义，而且容易深入人心。

三、团队精神的重要性

（一）推动团队的运作和发展

在团队精神的作用下，团队成员产生了互相关心、互相帮助的交互行为，显示出关心团队的主人翁责任感，并努力自觉地维护团队的集体荣誉，自觉地以团队的整体声誉为重来约束自己的行为，从而使团队精神成为团队全面发展的动力。

（二）培养团队成员之间的亲和力

团队精神有利于激发成员工作的主动性，并由此形成集体意识、共同的价值观、高涨的士气和团结友爱的氛围，团队成员会自愿地将自己的聪明才智贡献给团队，同时也使自己得到更全面的发展。

（三）提高组织整体效能

通过发扬团队精神，能进一步降低内耗，提高组织整体效能。如果总是把时间花在怎样界定责任，应该找谁处理，这样就会有损团队的凝聚力。

06 生涯分享

两个寝室走出4个“全国冠军”

2021 年 5 月 8 日，在天津举行的第十一届全国职业院校技能大赛工业机器人技术应用比赛赛场上，来自全国高职院校的 76 支队伍，200 多名学生同场竞技。某高职院校学生李文城、邓博、肖东奇配合默契，一举夺魁，为所在省代表队夺得首金。

值得一提的是，李文城、邓博都住在 5 栋 655 寝室，肖东奇住在相邻寝室。在他们夺得此次国赛一等奖之前，655寝室的另一名室友伍艺曾获得全国机械行业工业机器人虚拟仿真赛项一等奖。同学们笑称，两个寝室就出了4个“全国冠军”。

取件、运输、智能识别、定位、装配，是工业机器人技术应用比赛中的关键环节，着重考查的是参赛队伍的团队协作、快速编程、组装调试等多方面的能力，需要3名选手密切配合，才能在4个小时内完成这条智能机器人生产线的装配。通过大半年的磨合训练，李文城、邓博、肖东奇早已经成为“黄金搭档”，只需要一个眼神、一个手势，就知道队友在表达什么。

备战过程用李文城的话说，就像打游戏一样地过关，而且越来越难，越来越繁琐，但是通关的欣喜和快感也是无可替代的！寒暑假，他们吃住在实训室，饿了泡包方便面，困了就在椅子上躺一躺，反反复复地埋头苦练，来来回回地揣摩修改。对于比赛中的5个任务——机械和电气安装、视觉系统编程调试、系统编程调试、系统模块调试和系统综合编程调试，这个团队都磨合得滚瓜烂熟、天衣无缝。

点评：

习近平总书记曾说力量不在胳膊上，而在团结上。个人的能力是有限的，集体的合力却是无限的。团队合作意识和精神已成为新时期大学生的必备素质之一，那么作为大学生怎样培养团队精神呢？

首先，是培养良好的沟通能力。作为一个团队，顺畅的交流是少不了的，团队之间分工合作，共同进步，都离不开沟通。

其次，是选择合适的团队领导，营造和谐的团队氛围。

最后，是向团队成员灌输团队精神，增强团队理念，增强团队的归属感。

<table>
<tr><th colspan="5">复盘评价</th></tr>
<tr><td>任务名称</td><td colspan="2">树立团队精神，在职场披荆斩棘</td><td>任务类别</td><td>□个人任务　□团队任务</td></tr>
<tr><td>个人姓名</td><td></td><td>班级</td><td>团队成员</td><td></td></tr>
<tr><td colspan="5">复盘：总结本次任务的完成情况，掌握了哪些知识和技能、锻炼了哪些能力、体验了哪方面的生涯规划</td></tr>
</table>

个人成绩评价指标		自我评价 30%	组内互评 30%	教师评价 40%
知识点掌握（30分）	团队精神的概念（10分）			
	团队精神的作用（10分）			
	团队精神的重要性（10分）			
知识点践行（10分）	按时完成布置的实践活动（10分）			
素质（20分）	进取与奋斗（10分）			
	压力与担当（10分）			
能力（30分）	处事能力、控制能力、及时发现问题能力（10分）			
	灵活性、信息沟通能力、决策或辅助决策能力（10分）			
	社交能力（10分）			
知识成果（10分）	成果展示（10分）			
得分				
总得分				

任务1　制订学业计划，储备职场动力
任务2　撰写职业生涯规划书，描绘幸福色彩

项目五

撰写学业计划及职业生涯规划书

任务1 制订学业计划，储备职场动力

01 知识目标

- 理解学业计划的概念。
- 掌握学业计划的实施与评估的方法。

02 能力目标

- 能够根据自身专业特点完成学业计划。

03 生涯故事

讲座后的感触

大一新生小方因为高考成绩不理想而进入大专院校学习。从进校起，他就给自己定了一个目标——专升本。读书两个月后，他觉得很不适应，没课的时候不知道自己该做什么，做完作业后也不知道怎么举一反三，他感觉自己一直没有摸索到合适的学习方法。上周，学院邀请优秀毕业生代表回来讲座，其中某学姐专升本的经历也引起了他的共鸣，原来每个人都有迷茫时刻，要找准适合自己的学习方法，制订最佳学习计划，才能事半功倍。

大学生活与中学生活有很多的不同之处，特别是在学习方面有很多变化需要去面对和适应。面对这些学习内容的变化（内容广、课程多、难度大等），要尽快地缩短“适应期”，实现从接受式学习到创造性学习。

04 生涯实践

活动：制定学业计划

以成为一个优秀的大学生为总目标，从多方面制定学业计划，做好具体安排。

活动步骤：

1. 学习表5-1中的学业计划范例；
2. 根据自己的情况，制订具体的学业计划，每个子目标对应的计划不少于2个，并填写表5-2；
3. 活动时长：30分钟。

表5－1　大学生学业计划范例

<table>
<tr><th rowspan="2">总目标</th><th rowspan="2">子目标</th><th rowspan="2">计划</th><th rowspan="2">预计完成时间</th><th colspan="2">具体安排</th></tr>
<tr><th>在校期间</th><th>放假期间</th></tr>
<tr><td rowspan="7">优秀大学生学业计划</td><td rowspan="2">语言掌握</td><td>1. 英语考过四级</td><td>大二下学期之前</td><td rowspan="2">1. 尽快适应大学生活（语言方面），培养自主学习能力，大一上学期把普通话练好并考过二级甲等
2. 参加学校的英语角
3. 每次晚自习保证半个小时的英语学习时间
4. 从大一上学期开始报名英语A级，争取在大二通过英语A级，大三冲刺四、六级</td><td rowspan="2">1. 坚持每天看“学习强国”
2. 坚持每天背5个单词
3. 一周看一部英语原声电影</td></tr>
<tr><td>2. 普通话通过二级甲等</td><td>大一上学期</td></tr>
<tr><td rowspan="5">就业准备</td><td>1. 担任班长</td><td>大学三年</td><td rowspan="5">1. 担任班长，锻炼自己的综合能力和团队精神
2. 考取电工证
3. 学习求职技巧，学会制作简历、求职信等</td><td rowspan="5">1. 尝试兼职、实习等，积累职业经验
2. 考取驾驶证</td></tr>
<tr><td>2. 考驾照</td><td>大一暑假</td></tr>
<tr><td>3. 考电工证</td><td>大三上学期</td></tr>
<tr><td>4. 兼职实习</td><td>大二暑假</td></tr>
<tr><td>5. 制作简历</td><td>大三上学期</td></tr>
</table>

表5－2　大学生学业计划

<table>
<tr><th rowspan="2">总目标</th><th rowspan="2">子目标</th><th rowspan="2">计划</th><th rowspan="2">预计完成时间</th><th colspan="2">具体安排</th></tr>
<tr><th>在校期间</th><th>放假期间</th></tr>
<tr><td rowspan="5">优秀大学生学业计划</td><td>专业学习</td><td></td><td></td><td></td><td></td></tr>
<tr><td>能力提升</td><td></td><td></td><td></td><td></td></tr>
<tr><td>情商塑造</td><td></td><td></td><td></td><td></td></tr>
<tr><td>社会实践</td><td></td><td></td><td></td><td></td></tr>
<tr><td>其他目标</td><td></td><td></td><td></td><td></td></tr>
</table>

05 知识链接

一、大学生学业计划

大学生正处于职业生涯的探索期，探索期的规划与行动将会对未来的职业生涯发展产生深远的影响。每个大学生都应认真制订大学学业计划，为职业生涯打下坚实的基础。

（一）大学生的学业概念

大学生的学业是指学生在高等教育阶段所进行的以学为主的一切活动，是广义的学习，不仅包括科学文化知识的学习，还包括思想、政治、道德、业务、组织管理能力、科研及创新能力等的学习。

（二）大学生的学业计划概念

大学生学业计划，是指大学生对与其职业目标相关的学业所进行的安排和筹划。具体来讲，是指大学生通过自我认知、职业认知，确定职业目标，进而制订学业发展计划。大学生学业计划能有效地帮助大学生明确学习目的，增强自我约束力和自我管理的能力，提高学习的积极性和主动性，引导大学生积极向上和自我完善，并有助于大学生进行自我定位，做好大学期间的学习活动计划，为今后的就业打下坚实的基础。换言之，大学生学业计划就是解决为什么学、学什么、怎么学、什么时候学等问题，以确保自身顺利完成大学学业，为就业或开辟事业提升竞争力。

有不少大学生入学后很盲目，对自身的学业计划缺少设计或计划过于模糊，大学期间没有明确的目标和努力方向，学习缺乏动力，消极被动，成绩多不理想，最终导致求职竞争力不强，求职中屡屡碰壁。

美国哈佛大学曾在30年前对当时在校学生做过一份调查，发现没有做学业计划的人占27%，学业计划模糊的人占60%，有短期学业计划的人占10%，长期学业计划清晰的人仅占3%。30年后经过追踪调查发现第一类人一般生活在最底层，长期在失败的阴影里挣扎，第二类人生活达到温饱，第三类人则进入了白领阶层，只有第四类人为了实现既定目标，几十年如一日，奋力拼搏，最终成为百万富翁或是行业领袖。由此看来，大学生尽早进行科学的学业计划设计十分必要。

微课5－1　如何制订学业计划

二、如何制订大学学业计划

（一）制订学业计划的准备

一份有效可行的学业计划一定是在充分并且正确地认识自身条件与

相关环境的基础上制订的。

1. 正确分析自我

制订学业计划，首先要对自己有充分的了解，包括兴趣、特长、性格和各方面的能力等。可从个人成长经历和社会实践中予以分析，并结合科学认知的方法和手段，明确自身已经具备的能力和应该培养的能力。

2. 充分认识环境

制订学业计划，还要充分认识相关的环境，评估环境对学业发展的影响。一方面要认识大学阶段学习、生活的特点，认识本专业、本行业的特点及当前形势与发展趋势，另一方面要分析社会发展的需要。

大学生应将上述几方面的分析相结合，确定自己的学业发展方向。

（二）确定大学学业目标

结合自己的理想、现有的条件和制约因素，确立整个大学期间的学业目标，并将学业计划分解成若干个子目标，制订实现子目标的任务要求、执行方案，最终实现自己的整个学业目标。若没有切实可行的目标作为驱动力，人是很容易对现实妥协的。

大学的学业计划不能只局限于对专业的学习上，而应包含多方面的内容，其中主要包括合理的知识结构、科学的思维方式、较强的实践能力和全面的综合素质。因此，在确定大学学业目标时应把构建合理的知识结构、培养科学的思维方式、锻炼较强的实践能力和提升全面的综合素质等方面内容结合起来。

可以通过以下步骤来确立自己的学业目标。

第一步：明确自己的职业理想，未来从事何种职业？打算成为一个什么样的人？还可进一步考虑毕业之后的几个选择方向，如下。

① 选择继续深造。部分大学生认为本科、硕士研究生毕业后工作会更好找，工作会更优越，待遇会更好。

② 选择本专业就业。很多大学生对本专业的工作感兴趣，认为专升本或考研不容易，竞争激烈，越往后，就业压力会越大。

③ 选择其他专业就业。有些大学生认为现在自己所学专业前景不是太好，应该跟随时代的步伐，找一个更适合自己的专业就业。可以通过选修课程的学习或自学，储备相关知识，为自己创造机会。

④ 选择自我创业。大学期间，学校与社会为大学生提供了丰富的锻炼机会，如大学生创业大赛、科技活动周，各种大学生创业优惠政策等。不少学生在积极参与的过程中、个人能力得到了充分的锻炼和提升，因而他们自信能开创一片属于自己的天地。

第二步：确立大学阶段的总目标。目标的确立，应综合考虑多方面的因素，比如专业素质、英语、计算机、身体素质等应达到何种水平？专业能力、社会实践能力及其他多方面能力的提升，社会工作经验的累积以及个人特长的发挥应达到何种程度？人格的完善、学习习惯的培养、人际关系的维护、自身缺点的修正等应达到什么标准？等等。

（三）大学学业目标的分解

在制订出学业总目标以后，要对总目标进行自上而下的分解，即制订学习计划。可以按照以下的思路进行：在校期间总的学习目标—— 年度学习目标——学期学习目标——月度学习目标——每周学习目标——每日学习目标，再将目标进一步分解细化为可以采取的具体步骤，从而使自己的学业计划落实到学习生活的每一天，确保学业计划的严格执行。

三、大学学业计划的实施与评估

（一）大学学业计划的实施措施

大学学业计划的实施措施包括学习、社会工作、实践等多方面的措施。例如，为达成学习目标，课堂学习采取什么措施？课外学习应包含哪些内容？通过哪些措施来养成哪些学习习惯？怎样提高学习效率？在全面素质培养及能力提升方面，应采取哪些措施来培养哪些素质、提升何种能力？在专业实训及实习中，应采取哪些做法来掌握何种技能？自己身上还有哪些潜能，可以通过什么方法予以开发？等等。

（二）大学学业计划的评估

在计划实施过程中，应及时地对环境和条件做出评价和估计，对自己的执行情况做出评估。在市场经济条件下，由于现实生活中种种不确定因素的存在，使得学业计划的设计具有一定的弹性。我们应该及时反省和修正自己的学业目标，变更实施措施与计划，做到定期评估，进而分析原因和排除障碍，找出改进的方法和措施。

06 生涯分享

学成事之道，领悟苦与乐

同学们，我们学校是一所拥有光荣奋斗历史的高职院校。学校 1974 年成立于湘北小城，四十多年筚路蓝缕、艰苦奋斗，经历了由厂办技校到省属高职，由小城到省会，由白手起家到快速发展的办学历程，学校的办学故事，形成了“艰苦奋斗、勇于开拓、爱岗敬业、无私奉献”的学校精神，赢得了广泛的社会赞誉。正所谓，历尽天华成此景，人间万事出艰辛。大家要想学有所成，为以后长远发展打下坚实的基础，就必须要历史地、辩证地看待苦与乐。与职中、高中不同，大学期间，你们会有大量的时间由自己掌握，有些同学会选择坚守在教室、实训场、图书馆，有些同学则可能会流连于网吧、酒吧和游戏中的虚拟世界，有些同学会参加职业技能大赛、创新创业大赛，会去竞选班干部、学生会，会去做志愿者，有些同学则会开始大肆地追剧、打游戏、兼职。前者看似很苦，后者看似快乐，但正是这样的苦乐观，会让你们在毕业之时有巨大的差距。同学们，风物长宜放眼量。请大家把眼光放得更长远些，把格局扩得更宽广些，天下没有白费的努力，也没有碰巧的成功。大学有大学的快乐，但是大学期间最好还是要多吃苦，懂得苦尽甘来的道理。

同学们，海明威说：优于别人并不高贵，真正的高贵，应该是优于过去的自己。希望大家能够把今天，把此时此刻，作为起点，过一个有品质的大学生活，在三年之后成为一个更优秀的自己！

（节选自《过有品质的大学生活》）

点评：

民族复兴的使命要靠奋斗来实现，人生理想的风帆要靠奋斗来扬起。从新冠肺炎疫情防控斗争中不畏艰险、冲锋在前，到决战脱贫攻坚征程上倾力奉献、苦干实干，从航天发射任务中艰苦奋斗、勇攀高峰，到冬奥赛场上兑现“使命在肩、奋斗有我”的人生誓言…… 广大青年在中国共产党的旗帜下，用奋斗和拼搏，创造了无愧于祖国、无愧于人民、无愧于时代的光辉业绩，在时代发展和历史进步的浑厚车辙中，镌刻上了“新青年”的闪亮烙印，赢得了党和人民的高度赞誉。青春奋斗的光芒穿越时空，照亮了民族复兴的漫漫征途。加油，同学们！

复盘评价					
任务名称	制订学业计划，储备职场动力		任务类别	□个人任务	□团队任务
个人姓名		班级		团队成员	
复盘：总结本次任务的完成情况，掌握了哪些知识和技能、锻炼了哪些能力、体验了哪方面的生涯规划					

个人成绩评价指标		自我评价 30%	组内互评 30%	教师评价 40%
知识点掌握（30 分）	学业计划的概念（10 分）			
	学业计划的实施方法（10 分）			
	学业计划的评估方法（10 分）			
知识点践行（10 分）	按时完成布置的实践活动（10 分）			
素质（20 分）	进取与奋斗（10 分）			
	压力与担当（10 分）			
能力（30 分）	处事能力、控制能力、及时发现问题能力（10 分）			
	灵活性、信息沟通能力、决策或辅助决策能力（10 分）			
	社交能力（10 分）			
知识成果（10 分）	成果展示（10 分）			
得分				
总得分				

任务 2 撰写职业生涯规划书，描绘幸福色彩

01 知识目标

- 了解大学生职业生涯规划书的撰写步骤。
- 掌握大学生职业生涯规划书的撰写方法及四项基本内容。

02 能力目标

- 能撰写自己的职业生涯规划书。

03 生涯故事

生涯规划书的撰写

小张的职业生涯规划课程快结课时，老师要求每个人完成属于自己的职业生涯规划书，并上交老师。

两年后，在就业指导课上，老师返还了每个同学当初填写的职业生涯规划书，并要求大家检查这两年各目标的完成度以及将来的目标方向。小张发现自己英语考过A级了，也没有挂科现象，之前的规划书里列的普通话证还没考，临近毕业，为了给自己多一条选择的道路，他还想多考一个教师资格证。“生涯规划原来是面镜子！”小张感慨道。

一个有效的职业生涯规划设计必须是在充分并正确认识自己的条件下完成的，做好职业规划，能更好地认识自己。

04 生涯实践

活动一：撰写职业生涯规划书

通过知识链接里的理论学习，我们知晓并掌握了撰写职业生涯规划书的思路和方法，现在我们只需要把这些串联起来，做成一份属于自己的完整的《职业生涯规划书》。

活动步骤：

1. 学习知识链接里职业生涯规划书的撰写步骤；

2. 撰写自己的职业生涯规划书，规划书的基本内容要包括封面、目录、正文、结束语四大部分；

3. 职业生涯规划书字数应达到1000字及以上；

4. 该活动是期末考核内容，截止时间由教师自行安排。

活动二：制作一份职业生涯规划PPT

活动步骤：

1. 结合所学的视觉表达知识，制作职业生涯规划PPT；

2. PPT基本结构要包括封面、目录、过渡页、内容、结尾五部分；

3. PPT应达到20页及以上；

4. 该活动是期末考核内容，截止时间由教师自行安排。

05 知识链接

一、大学生职业生涯规划书的撰写步骤

撰写大学生职业生涯规划书应遵循以下几个步骤。

（一）自我认知与定位

自我认知与定位是个人职业生涯规划的基础，也是能否获得可行的规划方案的前提，可以通过自我评价、他人评价和人才测评来完成。自我评价主要是自己进行冷静的自我审视、自我思考，为自己做出一个比较客观的评价。他人评价主要是通过询问他人对自己的看法、让他人填写调查问卷或座谈等形式获得。使用网上或书上提供的测评工具进行人才测评是现今比较科学的自我认识方法之一，受到人们的肯定。通过自我评价、他人评价和人才测评可以清楚自己的职业兴趣、职业能力、个人特质、职业价值观、胜任工作的能力，可以此为依据选择合适的职业并决定职业路线。一篇成功的职业规划方案必定是人职匹配的。

（二）职业环境分析

每个人的职业生涯都必须依附于组织环境的条件和资源，必然受到一定社会、经济、政治、文化和科技环境的影响。环境提供或决定着每个人职业生涯的发展空间、发展条件、机遇和威胁。编制个人职业生涯规划书之前必须认真进行环境分析，可以通过访谈、文献搜索、调查等多种形式，对自己的家庭环境，学校环境，与自己理想职业相关的社会环境、行业环境、地域环境、企业环境、职业环境进行分析。这一步不可忽略，否则职业规划方案就没有根基。

（三）确立职业生涯目标

职业生涯发展目标指出了大学生个人未来职业发展的方向，是职业生涯的方针和

纲领。职业生涯目标的确立是职业生涯规划的核心，应当建立在自我评价、环境认知和自我定位的基础上，做到符合自身特点、符合组织和社会需求，注意长期和短期相结合，协调统一职业目标、生活目标、家庭目标等。

大学生应该首先确立一个适合自己的长远目标，树立职业理想。在此基础上，确定大学期间的学业目标，制订学习计划，再分解制订学年计划、学期计划，而后细化为切实可行的短期计划。学年、学期计划和短期计划务必具体、切实可行，应包括实现计划的步骤、方法与时间表等。

（四）制订行动方案

在确定职业生涯目标后，就要制订相应的行动方案来实现它们，把目标转化成具体的方案和措施。制订行动方案要考虑的主要问题包括：为达到目标，在专业学习方面需要学习哪些知识，掌握哪些技能，提高哪些实际操作能力；在实践方面，应采取哪些措施来提高工作效率，需要累积哪些实践经验；在能力提升方面，通过哪些措施来提高何种能力，等等。这些要点都要有相应的表格进行跟踪，以便定时进行检查和纠偏。

对大学生来说，这一步骤中最重要的是与职业生涯目标匹配，制订出相对应的教育和培训计划。对于已经制订的计划，要认真思索并实现它，尽自己最大努力做得更好。比如，学习某方面的专业知识，是选择系统学习，还是咨询专家、听讲座，再或是参加社会实践，应力求寻找出最有效的方案。方案的制订因人而异，因专业和学科而异，因环境而异，必须视具体情况做出具体分析，切不可照搬他人或书本上的方案。

（五）撰写职业生涯规划书

职业生涯规划书的撰写要建立在以上工作步骤所形成的基础之上。工作充分、信息充足才可动笔写作，不能急于求成。近年来，经过数以万计的大学生对职业生涯规划设计的实践，经过众多职业指导老师的辛勤探索，无数专家的反复研究，基本归纳出了一个通用型职业生涯规划设计模板，可供参考。但撰写时还应结合自身具体情况有所调整、有所创新。

二、大学生职业生涯规划书的内容

大学生职业生涯规划书的基本内容包括封面、目录、正文、结束语四大部分。

（一）封面

封面一般由基本信息、职业规划书撰写的时间与励志短语等内容组成。

封面示范如图 5－1 所示。

图 5－1　职业生涯规划书封面

封面设计提示：如果我们要与同学交流职业规划书，封面的个人基本信息就要详尽；如果仅作个人收藏，个人信息可简单，但职业规划书形成的时间不能漏，时间的记录对日后的职业生涯管理、评估和修正都有作用。封面还可以插入与主题相关的励志短语（如规划人生，成就未来）和图片，使职业规划书更具内涵和美观。

（二）目录

目录一般包括以下内容。

1. 序言（前言）

2. 自我认知

　2.1　自我情况介绍

　2.2　职业兴趣

　2.3　性格特征

　2.4　职业能力

　2.5　自我认知小结

3. 职业认知

　3.1　外部环境分析

　3.2　目标职业分析

　3.3　职业素质测评

　3.4　SWOT 分析

3.5 职业认知小结

4. 职业生涯规划设计

4.1 确定目标和途径

4.2 制订行动计划

5. 动态分析调整

6. 结束语

（三）正文

按上述目录对正文提出以下要求。

1. 序言（前言）

要求：主要抒发个人对职业规划意义的理解。做职业生涯规划设计的前提是对职业生涯规划有深刻的认识。

例如：在就业压力日趋激烈的今天，一个良好的职业规划无疑能给自己未来的职业发展奠定坚实的基础，能给自己在未来的竞争中增加一份自信。身为大学生的我们，在这个人生发展的重要阶段，不能任时光虚度，而应努力充实自己，为自己的明天储备必要的知识和能力。未来掌握在我们手中，抓住这宝贵时光，为自己的未来之路设定一个前进的方向。不断迈进，相信明天一定会很美好。

2. 自我认知

（1）自我情况介绍

（2）职业兴趣

- 我最快乐的三个生活画面
- 我最喜欢的书/杂志/电视频道
- 我是喜欢的职业
- 我最喜欢的休闲活动
- 我最愿意担任的职务
- 我的霍兰德代码、特点、相关职业

（3）性格特征

- 我的个性特质
- 我的性格优势、劣势
- 我适合的岗位特质
- 我可能的盲点

（4）职业能力

- 我的五项核心能力

- 我的知识技能
- 我的可迁移技能
- 我的自我管理技能
- 我的成就事件追忆

（5）自我认知小结

自我认知小结提示：综合职业兴趣、性格特征和职业能力，进行概括性的小结。

例如：

“我是什么样的人？”我是一个事业心强，注重个性发展的人。

“我喜欢做什么”我喜欢从事能充分发挥个人能力的项目性质的工作。

“我适合做什么？”我善于从事与组织、策划、协调相关的工作。

结合上述所有分析，我希望在毕业后从事某项工作。

3. 职业认知

（1）外部环境分析

- 家庭环境分析
- 学校环境分析
- 社会环境分析
- 目标地域分析

（2）目标职业分析

- 目标职业名称
- 岗位说明
- 工作内容
- 任职资格
- 工作条件
- 就业和发展前景

（3）职业胜任力测评

提示：运用网络测评软件测量的，可充分采用测评报告中的图表来体现测评结果；运用书本测评量表自我测量的，应按指导语进行测量、总结、对照等，最后得出测评结果。

SWOT 分析要点如下。

1）我的优势（Strengths）及其使用。

2）我的劣势（Weaknesses）及其弥补。

3）我的机会（Opportunities）及其利用。

4）我面临的威胁（Threats）及其排除。

（4）职业认知小结

4. 职业生涯规划设计

（1）确定目标和途径

- 近期职业目标
- 中期职业目标
- 长期职业目标
- 职业发展途径

（2）制订行动计划

- 短期目标（一年计划）
- 中期目标（三年计划）
- 长期目标（毕业后十年计划）

5. 动态分析调整

评估、调整职业目标、职业途径与行动计划。

（四）结束语

对整篇职业生涯规划书进行总结，同时体现出自己对未来工作的决心和信心。

例如：通过这次职业生涯规划，我有生以来第一次思考自己是一个什么样的人；第一次思考我适合从事什么样的职业；第一次思考我的未来会是什么样；第一次思考我的人生该如何规划。

人生有很多的抉择，当我们面对一个路口，面对一个拐弯，面对社会的筛选时，我们都要正确认识自己，看清自己的优势以及劣势，学会控制自己，做好自己，相信自己。路在心中，由我们掌握；路在脚下，靠我们选择。

06 生涯分享

打破学历“天花板”！

2019 年 8 月，赵脯菠在第 45 届世界技能大赛上凭借熟练的手法技术、丰富的实战经验和稳定的心态，斩获焊接项目金牌，蝉联世界冠军，实现了中国世界技能大赛焊接项目“三连冠”，也圆了他成为世界冠军、大国工匠的梦想。

1997 年，赵脯菠出生在四川省凉山州的一个小山村。16 岁那年，出于对焊花的好奇和憧憬，他选择了焊接专业，并给自己定下职业目标：掌握扎实的焊接技术，成为一个优秀的焊接工人。

焊接专业学习非常辛苦，不论刮风还是下雨，学员们都没有周末和假期的休息时间，他们每天训练超过14个小时，甚至练到深夜一两点，除了春节，没有节假日。

焊接时跳跃的焊花温度高达几百、上千摄氏度，有时候，即使穿着厚厚的防护服，焊花依旧能够通过防护服灼伤赵脯菠的皮肤。

获得世界冠军后，赵脯菠说："我对我的选择一点也不后悔，这些焊花和伤疤，陪我走上了最高领奖台，实现了我的冠军梦想！"

点评：

赵脯菠缺少"光鲜"的标签，却勇敢选择了自己所爱的职业，逆境不自轻、顺境不自负，迎来希望、实现价值。现在，越来越多的年轻人主动打破传统观念的束缚，选择成为技术工人，并通过接受职业教育，早早为今后的职业道路积蓄力量。技术工人不再是少数人退而求其次的选择，而是值得奋斗、可以大放异彩的岗位。党的十八大以来，职业教育提质培优、增值赋能，职业院校毕业生成为我国产业大军的主要来源，成为支撑中小企业聚集发展、区域产业转型升级和城镇化发展的主力军。

复盘评价						
任务名称	撰写职业生涯规划书，描绘幸福色彩			任务类别	□个人任务	□团队任务
个人姓名		班级		团队成员		

复盘：总结本次任务的完成情况，掌握了哪些知识和技能、锻炼了哪些能力、体验了哪方面的生涯规划

个人成绩评价指标		自我评价 30%	组内互评 30%	教师评价 40%
知识点掌握（30 分）	大学生职业生涯规划撰写步骤（10 分）			
	大学生职业生涯规划书撰写方法（10 分）			
	大学生职业生涯规划书撰写四项基本内容（10 分）			
知识点践行（10 分）	按时完成布置的实践活动（10 分）			
素质（20 分）	进取与奋斗（10 分）			
	压力与担当（10 分）			
能力（30 分）	处事能力、控制能力、及时发现问题能力（10 分）			
	灵活性、信息沟通能力、决策或辅助决策能力（10 分）			
	社交能力（10 分）			
知识成果（10 分）	成果展示（10 分）			
得分				
总得分				

参考文献

[1] 吴鹰，张子睿，王慧秋．高职学生职业发展与就业指导［M］．北京：北京理工大学出版社，2021.

[2] 袁敏．大学生职业生涯规划（职业生涯规划篇）［M］．北京：北京理工大学出版社，2020.

[3] 王丽，孙辉．职业生涯规划训练手册［M］．北京：北京理工大学出版社，2018.

[4] 张元，孙定义．职业生涯规划［M］．北京：高等教育出版社，2019.

[5] 王丽．职业生涯规划［M］．2 版．北京：高等教育出版社，2019.

[6] 戴艳，吴乐央．大学生职业生涯规划［M］．3 版．北京：高等教育出版社，2020.

[7] 潘维琴，王忠诚．劳动教育与实践［M］．北京：机械工业出版社，2021.

[8] 安四明，罗建华，刘勇，等．大学生职业生涯规划［M］．北京：机械工业出版社，2018.

[9] 谭禾丰，桑江．职业生涯规划与就业指导［M］．3 版．北京：机械工业出版社，2019.

[10] 朱爱胜，鲁鸿志．大学生职业生涯规划［M］．北京：机械工业出版社，2015.

[11] 李杰臣，王冰雪．做好 PPT 就靠这几招［M］．北京：人民邮电出版社，2015.

[12] 李林英，李翠白．思维导图与学习：学习科学与技术新探［M］．北京：北京师范大学出版社，2011.

[13] 速溶综合研究所．图解整理力：快速学会 49 种整理技能［M］．北京：人民邮电出版社，2017.